A-Z BASI...

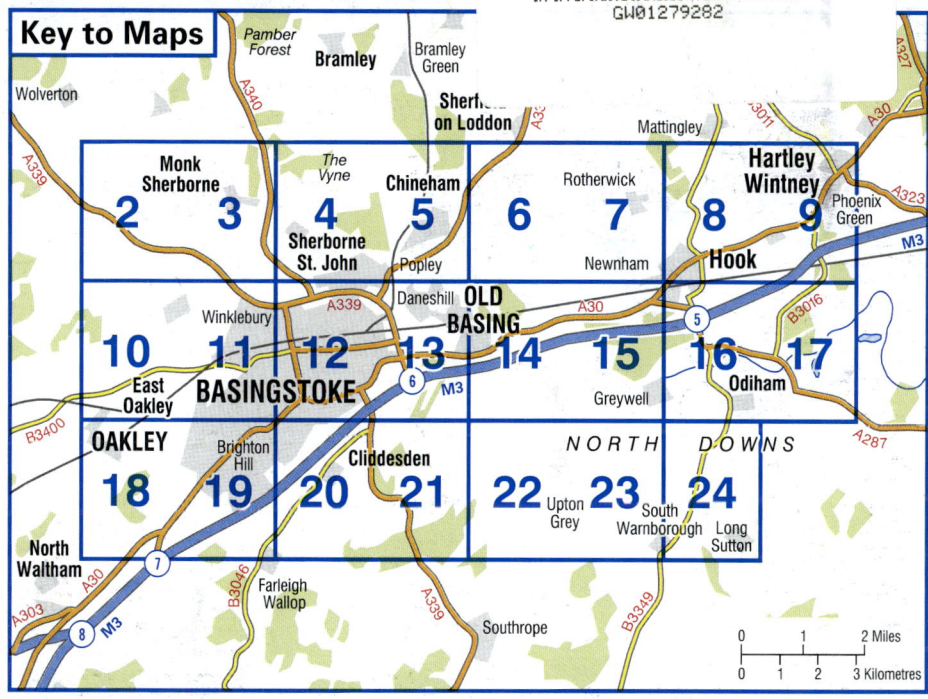

Key to Maps

	2 Monk Sherborne	3	4 Sherborne St. John	5 Chineham	6 Rotherwick	7 Newnham	8 Hook	9 Hartley Wintney
10 East Oakley	11	12 BASINGSTOKE	13	14	15 Greywell	16 Odiham	17
18 OAKLEY	19 Brighton Hill	20	21 Cliddesden	22 Upton Grey	23 South Warnborough	24 Long Sutton	

Scale: 0 1 2 Miles / 0 1 2 3 Kilometres

Reference

Motorway	M3
A Road	A30
B Road	B3400
Dual Carriageway	
One Way Street	Traffic flow on A roads is indicated by a heavy line on the drivers' left.
Restricted Access	
Track & Footpath	
Residential Walkway	
Railway	Level Crossing / Station
Built Up Area	
Local Authority Boundary	
Postcode Boundary	
Map Continuation	12
Car Park Selected	P
Church or Chapel	†
Fire Station	■
House Numbers 'A' and 'B' Roads only	47 35
Hospital	H
Information Centre	i
National Grid Reference	465
Police Station	▲
Post Office	★
Toilet with facilities for the Disabled	
Educational Establishment	
Hospital or Health Centre	
Industrial Building	
Leisure or Recreational Facility	
Place of Interest	
Public Building	
Shopping Centre or Market	
Other Selected Buildings	

Scale 1:19,000

0 ¼ ½ Mile
0 250 500 750 Metres 1 Kilometre

3⅓ inches (8.47 cm) to 1 mile
5.26 cm to 1 kilometre

Copyright of GEOGRAPHERS' A-Z MAP Company Limited

Head Office:
Fairfield Road, Borough Green, Sevenoaks, Kent TN15 8PP
Telephone: 01732 781000 (Enquiries & Trade Sales)   01732 783422 (Retail Sales)
www.a-zmaps.co.uk

Copyright © Geographers' A-Z Map Co. Ltd. 2003

This product includes mapping data licensed from Ordnance Survey® with the permission of the Controller of Her Majesty's Stationery Office.
© Crown Copyright 1999. All rights reserved. Licence number 100017302

EDITION 1 1999   EDITION 1A* 2003 (Part revision)

GW01279282

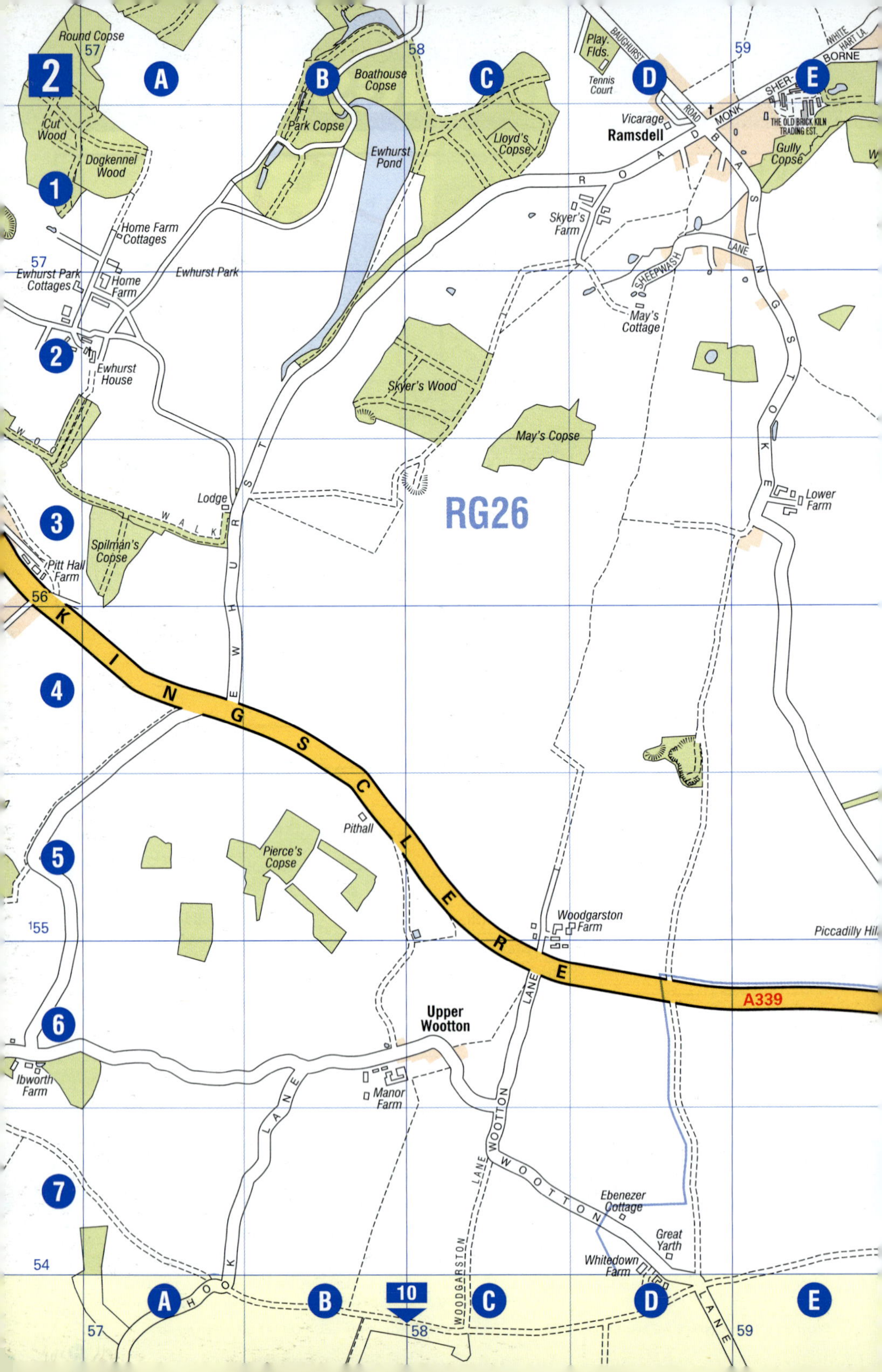
2
Round Copse
Cut Wood
Dogkennel Wood
Home Farm Cottages
Ewhurst Park Cottages
Home Farm
Ewhurst Park
Ewhurst House
Boathouse Copse
Park Copse
Ewhurst Pond
Lloyd's Copse
Play. Flds.
Tennis Court
Vicarage
Ramsdell
BAUGHURST ROAD
MONK SHERBORNE
WHITE HART LA.
THE OLD BRICK KILN TRADING EST.
Gully Copse
Skyer's Farm
SHEEPWASH LANE
May's Cottage
Skyer's Wood
May's Copse
Lower Farm
RG26
Lodge
Spilman's Copse
Pitt Hall Farm
WOLVERTON ROAD
EWHURST
KINGSCLERE
Pithall
Pierce's Copse
Woodgarston Farm
Piccadilly Hill
A339
Upper Wootton
Ibworth Farm
Manor Farm
WOOTTON LANE
WOODGARSTON LANE
Ebenezer Cottage
Great Yarth
Whitedown Farm
HOOK LANE
LANE
10
A
B
C
D
E
1
2
3
4
5
6
7
54
55
56
57
58
59

F
G
H
J
K
460
61
62
Charter Alley
Beal's Pightle
Charter Alley Copse
Tubb's La.
Rawlins Farm
Monks Ford
Road
Redhouse Farm
Salters Heath
Woodgate
Brocas Bridge
Copse
Grove Croft Copse
The Cott.
Tubb's Lane
Heath
Bottom Copse
Aldermaston
Skeerlands Copse
Hopgarden Copse
Yew Tree Nursery
Wantage Cottage
Salters
57
Rd.
Morgaston
The Rectory
Pollards End Copse
Priory House
A340
Privett Green Copse
Drunken Pightle Copse
Privett Copse
Highpath Copse
Trenchmead Copse
Balsans Copse
Buttermead Copse
Hall
Lane
The Close
Monk Sherborne
Monk Sherborne Wood
Road
Kiln Green
Woodlands
End
Crooked Row Copse
Kiln
Monk Sherborne House
Paddock Field
Queen's House
Rookery Farm
Heath
Eastrop Cottage
Meml.
56
Lower Farm
Weybrook Ct.
Wey
Road
Thames Dale
West
Manor Farm
Crane's Farm
Sherborne St. John
Cranes
Clark Gs.
Queen's Cotts. (Flat Firs)
4
Stokes
The Severals
Spring Cl.
Spring Close
Roman
Tyfield
Field Barn Farm
Lane
155
Road
West End Farm
RG24
Elm Lea
Elm
Elm Bottom Cross
Weybrook Park Golf Course
Shot Hanger
Shothanger Farm
RG23
Rooksdown Lane
Club House
Rd.
Prewett
Park
Homefield Wy.
Rd.
Nightingale Gs.
Parklands Hospital
Hospice
54
11
Rooksdown La.
Barron Pl.
Gillies Dr.
Florence Way
Av.
Cemetery
1
2
3
4
5
6
7

A
B
C
D
E
1
2
3
4
5
6
7
62
63
64
57
56
155
54
RG26
RG24
Peat Gully Copse
Beaurepaire Farm
NEW ROAD
ROAD
South Lodge
BRAMLEY
Pepper Wood
Cranes Copse
Beech Lodges
MORGASTON ROAD
Beeches
North Lodge
Nursery
Weir
Vine Garden Cottage
The Lake
Tennis Court
The Vyne
VYNE PARK
Morgaston Copse
Pollards End Copse
ALDERMASTON RD.
WEST END
Vyne Farm
Edgerton's Wood
Swingate Hill
Cowdry House
VYNE ROAD
MARL'S LANE
Sewage Works
Wey Brook
Mill House
Bob's Farm
Weir
Mill Head
Hill House
Sherborne St. John
Crane's
CRANES RD.
CRANESF
CLARK GDS.
Farm Pond
Cemy.
Manor Farm
Manor House
CHURCH PATH
Tennis Cts.
Chute Rec. Grd.
Pav.
VYNE MDW.
SPRING CL.
BOURNE FLD.
Primary Sch.
DARK LA.
DANCERS MEADOW
THE SEVERALS
SPRING CLOSE
MANOR ROAD
TYFIELD ROAD
KILN ROAD
Vidler's Farm
ALDERMASTON ROAD
Marl's Copse
Spier's Copse
Seven Acre Piece
Upper Parrott's Copse
Parrott's Copse
Five Acre Plant
Grub Cl Plantat
Great Germans Copse
Upp Plantati
Barn Copse
Farm Cottage
Kiln Farm
ELM ROAD
SHERBORNE ROAD
West Lane Farm
Elm Le
ELM
Elm Bottom Cross
CHINEHAM LANE
Nursery
Marnel Dell
Popley Fields House
JERSEY CLOSE
GUERNSEY CL.
TASMANIA CL.
MONTSERRAT RD.
DOMINICA CL.
FALKLAND RD.
BERMUDA CL.
ANGLESEY CL.
TOBAGO CL.
MALTA CL.
TIMOR CL.
GILBERT CL.
SHETLAND
Marnel Jun.& Inf. Schs.
Bowl Grn
Wellfield Farm
SPECKLED WOOD RD.
TRINIDAD CL.
St. Bede's R.C. Prim. Sch.
ABBEY CT.
MAGNOLIA CT.
POPLEY WAY
Popley
John Hunt of Everest Comm. Sch.
Play. Fld.
PERSHORE RD.
TEWKESBURY CL.
SELBY CL.
ABBEY
FOUNTAINS CL.
ROMSEY CL.
BUCKFAST CL.
Greatfield Farm
PARKLANDS HOSPITAL
Hospice
PREWETT RD.
PRIESTLEY RD.
A340
ALDERMASTON ROAD
POPLEY ROAD
12
Merton Jun. & Inf. Schs.
GLASTONBURY CL.
Comm. Cen.
Playground
SHAKESPEARE
BROWNING CL.
MARLOWE CL.
SHAKESPEARE
CHAUCER
DRYDEN CL.
LAWRENCE
LONGFELLOW
BURNS
SHELLEY
MELROSE
WALK
Sub.

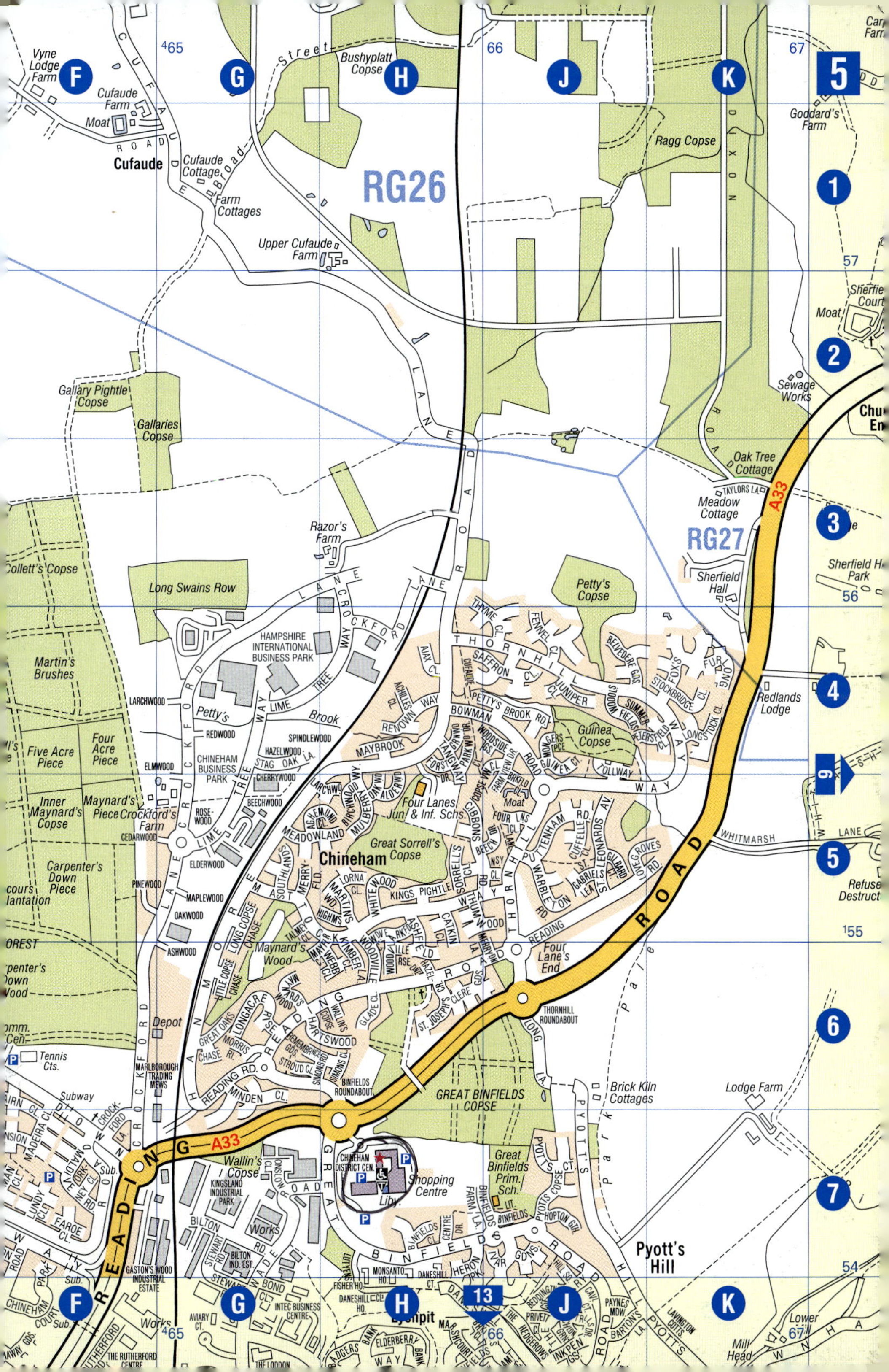

6
Sherfield on Loddon
Carpenter's Fm. Ho.
Goddard's Fm. Cotts.
Goddard's Farm
GODDARDS
LANE
Court Farm
ORCHARD LEA
THE PLANTATION
READING ROAD
Meml.
WILDMOOR LANE
Laundry Copse
River
Lyde
Loddon
Nursy.
Carfor House
NEW NORTH DR.
THE WALK
Swimming Pool
Playing Field
Gardeners Cottage
Alexander's Copse
Lance Levy Farm
Moat
New South Lodge
Gully Copse
Old South Lodge
SOUTH DR.
North Foreland Lodge Sch.
Tennis Courts
Keepers Cottage
Lance Levy Cottages
Sherfield Court
Moat
A33
Buckfield Copse
Sewage Works
Sanguillo Cottage
Church End
WILDMOOR LANE
Gravel Pit Copse
Soperslip Copse
Bramble Copse
Oak Tree Cottage
St. Michaels
The Loddon Sch.
Moulshay Cottages
The Hollies
Searchlight Bungalows
Park Cottage
New Moulshay Cottages
Buckfield Cottages
Great Marshall's
Moulshay House
Rose Cottage
Wildmoor Cottage
Sherfield Hill Park
MOULSHAY LANE
Beehive Cottage
Wildmoor Farm
Wildmoor
Ducketts Farm
Ellis Farm
Forked Copse
Redlands
Moulshay Farm
Page's Copse
WHITMARSH LANE
5
Little Kindles Row
Witmarsh Row
Long Copse Cottage
Long Copse
Round Copse
Refuse Destructor
Sewage Works
Fish Ponds
Decoy Pond
River Loddon
Lower River Row
Blackland's Farm
RG24
Upper River Row
Rushes Row
Bottom Row
Hale Farm
Deanlands Farm
HAM
NEWNHAM LANE
POOKS FARM LANE
LANE
14
Lower Mill
Wood
Hayden Cottage
Copse
A B C D E
1 2 3 4 5 6 7
57 56 155 54
67 68 69

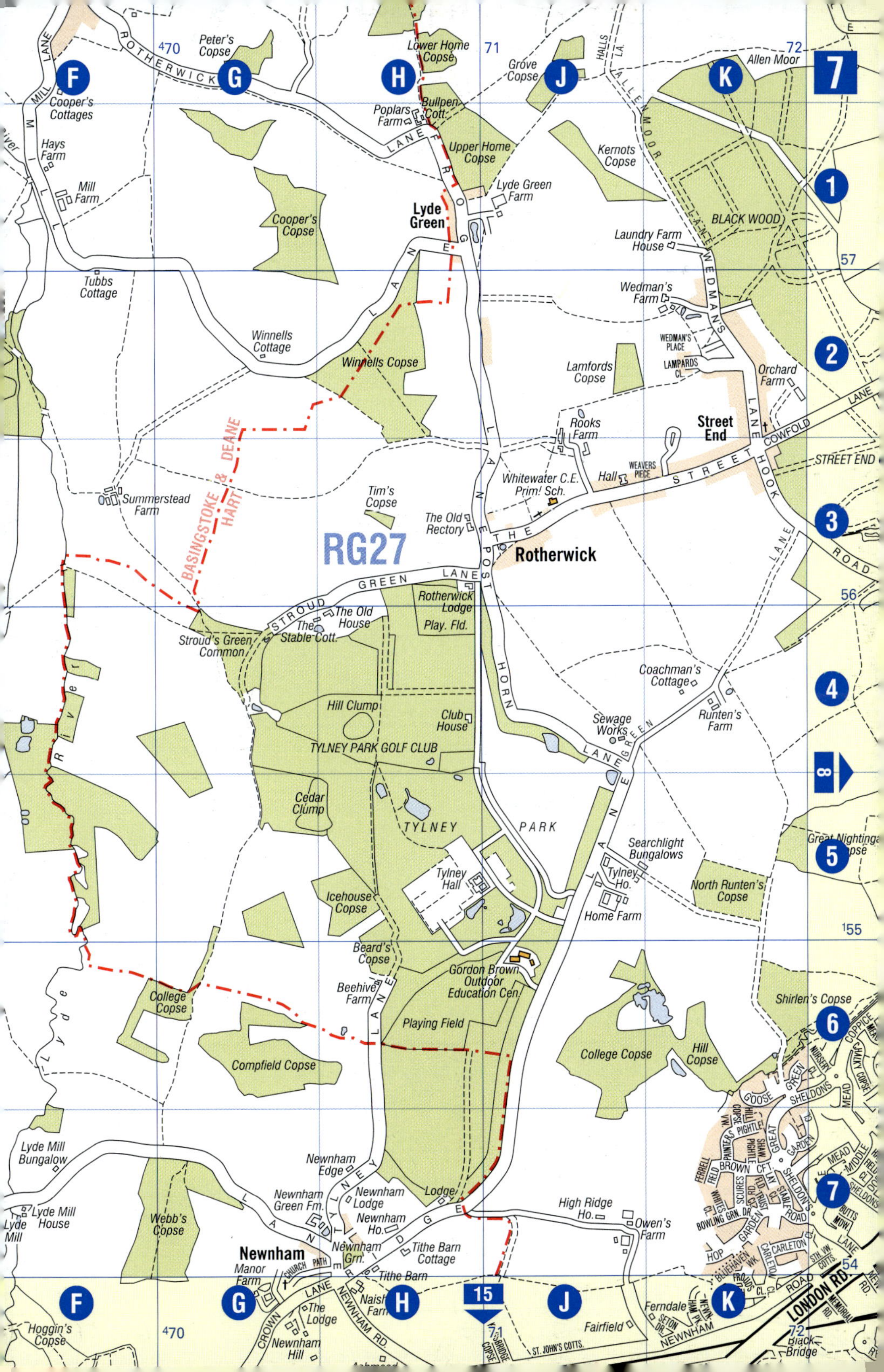
7
Lyde Green
Rotherwick
Street End
Newnham
RG27
Cooper's Cottages
Hays Farm
Mill Farm
Tubbs Cottage
Peter's Copse
Cooper's Copse
Winnells Cottage
Lower Home Copse
Bullpen Cott.
Poplars Farm
Upper Home Copse
Lyde Green Farm
Grove Copse
Kernots Copse
Allen Moor
BLACK WOOD
Laundry Farm House
Wedman's Farm
WEDMAN'S PLACE
LAMPARDS CL.
Lamfords Copse
Orchard Farm
Rooks Farm
Winnells Copse
BASINGSTOKE & DEANE
HART
Summerstead Farm
Tim's Copse
The Old Rectory
Whitewater C.E. Prim. Sch.
Hall
WEAVERS PIECE
STREET END
Rotherwick Lodge
Play. Fld.
The Old House
The Stable Cott.
Stroud's Green Common
Hill Clump
Club House
TYLNEY PARK GOLF CLUB
Cedar Clump
TYLNEY
PARK
Coachman's Cottage
Runten's Farm
Sewage Works
Searchlight Bungalows
Tylney Ho.
Home Farm
North Runten's Copse
Great Nightinga Copse
Tylney Hall
Icehouse Copse
Beard's Copse
Gordon Brown Outdoor Education Cen.
Beehive Farm
Playing Field
College Copse
Compfield Copse
Hill Copse
Shirlen's Copse
Lyde Mill Bungalow
Lyde Mill House
Lyde Mill
Webb's Copse
Newnham Edge
Newnham Green Fm.
Newnham Lodge
Newnham Ho.
Newnham Grn.
Lodge
Tithe Barn Cottage
Tithe Barn
High Ridge Ho.
Owen's Farm
Manor Farm
Naish Farm
The Lodge
Newnham Hill
Hoggin's Copse
Ferndale
Fairfield
Black Bridge
ST. JOHN'S COTTS.
LONDON RD.
MILL LANE
ROTHERWICK
FROG LANE
POST LANE
THE STREET
COWFOLD LANE
HOOK ROAD
WEDMAN'S LANE
ALLENMOOR LANE
HALLS LA.
STROUD GREEN LANE
HORN LANE
GREEN LANE
TYLNEY LANE
RIDGE LANE
CHURCH PATH
CROWN LANE
NEWNHAM RD.
NEWNHAM
River Lyde
GOOSE GREEN
SHELDONS
GREAT PIGHTLE
PAINTERS PIGHTLE
BROWN CFT.
BOWLING GRN. DR.
CARLETON CL.
COPPICE MEWS
CHALKY COPSE
MEAD
15
8
470
71
72
57
56
55
54
F
G
H
J
K
1
2
3
4
5
6
7

8
A
B
C
D
E
1
2
3
4
5
6
7
72
73
74
57
56
55
54
16
RG27
BOTTLE LANE
DIPLEY
Long Acres
Mattingley Grn.
Prior's Farm
Mattingley
Weirs
Dipley Mill
Dipley Bri.
Dipley Fm.
Dipley
Dipley Copse
Dipley Common
Barlett's Farm
Whitewater
BLACK WOOD
COWFOLD LANE
B3349
Little Cowfold
Cowfold Farm
Stokers
Stokers Farm
Orchard Farm
STREET END COPSE
Readen Pond
HOOK LANE
Neville's
READING ROAD
Bunker's Hill Cottage
Bunker's Hill Farm
Wasdale Cottage
Bunker's Hill Cotts.
White House Farm
Damale's Copse
White K Far
Dipley Copse
GREEN
Damale's Bungalow
Damale's Farm
MURRELL
River
Borough Court Copse
West Gr Hou
Borough Court
Dogtails Cottage
Borough Court Common
Borough Court Lodge
MURRELL GREEN ROAD
Weir
Hadley Dene
SEARL'S
Xanthus
Nightingale Cott.
Hook Cross
Little Nightingales Copse
Hook Fruit Farm
Great Nightingales Copse
Twelve Acre Copse
Searl's Farm
LANE
Scutts Farm
COURT
Murrell Green
Mill Cottage
Hook Mill
Titchener Farm
Titchener Fm. Cotts.
MURRELL GREEN BUS. PARK
Shirlen's Copse
GRIFFIN WAY NORTH
Hook Farm Ho.
Hook Ho. Farm
LONDON
Crooked Billet
ROAD
GRIFFIN WAY
B3349
GEFFERY'S HOUSE
ROOKSWOOD CL.
HOOK
Hook Jun. & Inf. Schs.
Ashwell's Copse
Holt Lane Cottages
Holt Lane Farm
Holt Copse
Holt
Holt Farm
Bridge Farm
Little Holt
Depot
A30
Convent
STATION ROAD
FAIRHOLME PDE.
Hook
Works
BARTLEY WOOD BUSINESS PARK (WEST)
Superstore
Depots
Black Bridge
NEWNHAM RD.
MEMORIAL RD.
RECTORY
CHANTRY
OSBORN
RAWLINGS RD.
BARTLEY WOOD BUSINESS PARK
Sub.

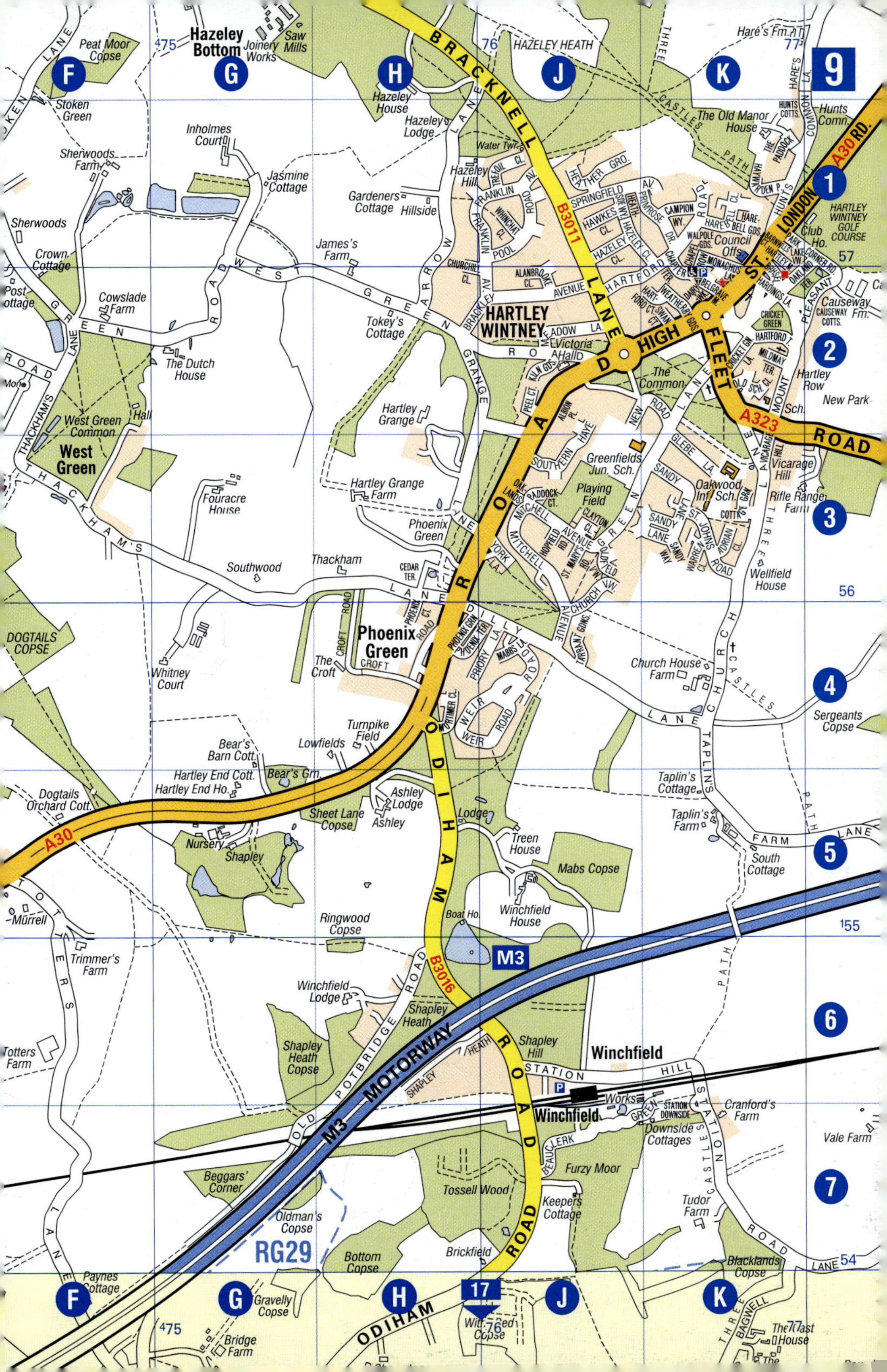

Hazeley Bottom
Joinery Works
Saw Mills
Peat Moor Copse
Stoken Green
Sherwoods Farm
Sherwoods
Crown Cottage
Post Cottage
Inholmes Court
Jasmine Cottage
Gardeners Cottage
Hillside
Hazeley House
Hazeley Lodge
HAZELEY HEATH
Hazeley Hill
Water Twr.
BRACKNELL LANE
B3011
The Old Manor House
Hare's Fm.
Hunts Cotts.
Hunts Comn.
HARE'S COMMON LA.
THE PADDOCK
THREE CASTLES PATH
A30 RD.
LONDON ST.
HARTLEY WINTNEY GOLF COURSE
Club Ho.
Council Offs.
HARTLEY WINTNEY
James's Farm
Cowslade Farm
WEST GREEN ROAD
The Dutch House
Tokey's Cottage
GRANGE ROAD
ARROW LANE
CHURCHILL CL.
BRACKLEY AV.
FRANKLIN AV.
TREFOIL CL.
WHINCHAT CL.
POOL RD.
ALANBROOKE CL.
AVENUE
HEATHER GRO.
SPRINGFIELD AV.
HAWKES CL.
HAZELEY CL.
PRIMROSE DR.
CAMPION WY.
CHAPEL ROW
HARTFORD TER.
WEATHERBY GDNS.
MONACHUS LA.
BELGRAVE MW.
WALPOLE GDNS.
HARE'S BELL GDS.
HIGH STREET
FLEET ROAD
A323
Causeway Fm.
Causeway Cotts.
PLEASANT
CRICKET GREEN
HARTFORD
MILDMAY TER.
OLD SCH. CL.
MOUNT
Hartley Row
New Park
Sch.
ROAD
MEADOW LA.
Victoria Hall
KILN GDS.
The Common
NEW ROAD
PEEL CT.
ALBION PL.
HAYE
SOUTHERN
Greenfields Jun. Sch.
Playing Field
Oakwood Inf. Sch.
GLEBE LA.
SANDY LANE
VICARAGE HILL
Vicarage Hill
Rifle Range Farm
Wellfield House
West Green Common
West Green
Hall
THACKHAM'S LANE
Fouracre House
Hartley Grange
Hartley Grange Farm
Phoenix Green
Thackham
Southwood
CEDAR TER.
PADDOCK CT.
OAKLANDS
MITCHELL AVENUE
CLAYTON CL.
HOPFIELD RD.
ST. MARY'S RD.
GREEN
YORK LA.
CHURCH LANE
TARRANT GDNS.
ST. JOHNS ROAD
ADRIAN CL.
COTTAGE GRN.
WARREN CL.
DOGTAILS COPSE
Whitney Court
CROFT ROAD
The Croft
CROFT
Phoenix Green
PHOENIX CT.
DILLY LA.
PHOENIX GRN.
PHOENIX TER.
PRIORY LA.
MABBS LA.
ROAD
WEIR ROAD
MORTIMER CL.
Church House Farm
CASTLES
LANE
TAPLIN'S
Sergeants Copse
Taplin's Cottage
Taplin's Farm
FARM LANE
South Cottage
Turnpike Field
Lowfields
Bear's Barn Cott.
Hartley End Cott.
Hartley End Ho.
Bear's Grn.
Dogtails Orchard Cott.
A30
Nursery
Shapley
Sheet Lane Copse
Ashley Lodge
Ashley
Lodge
Treen House
Mabs Copse
Winchfield House
ODIHAM ROAD
B3016
Boat Ho.
M3
Ringwood Copse
Murrell
TOTTERS LANE
Trimmer's Farm
Totters Farm
Winchfield Lodge
POTBRIDGE ROAD
OLD
Shapley Heath
Shapley Heath Copse
M3 MOTORWAY
SHAPLEY HEATH
Shapley Hill
Winchfield
STATION HILL
STATION ROAD
Works
Winchfield
GREEN
STATION DOWNSIDE
Downside Cottages
Cranford's Farm
Vale Farm
BEAUCLERK
Furzy Moor
Tossell Wood
Keepers Cottage
Beggars' Corner
Oldman's Copse
RG29
Brickfield
Bottom Copse
Tudor Farm
CASTLES ROAD LANE
Blacklands Copse
Paynes Cottage
Gravelly Copse
Bridge Farm
ODIHAM
17
Withered Copse
THREE BAGWELL
The Last House
F
G
H
J
K
1
2
3
4
5
6
7
475
76
77
57
56
155
54

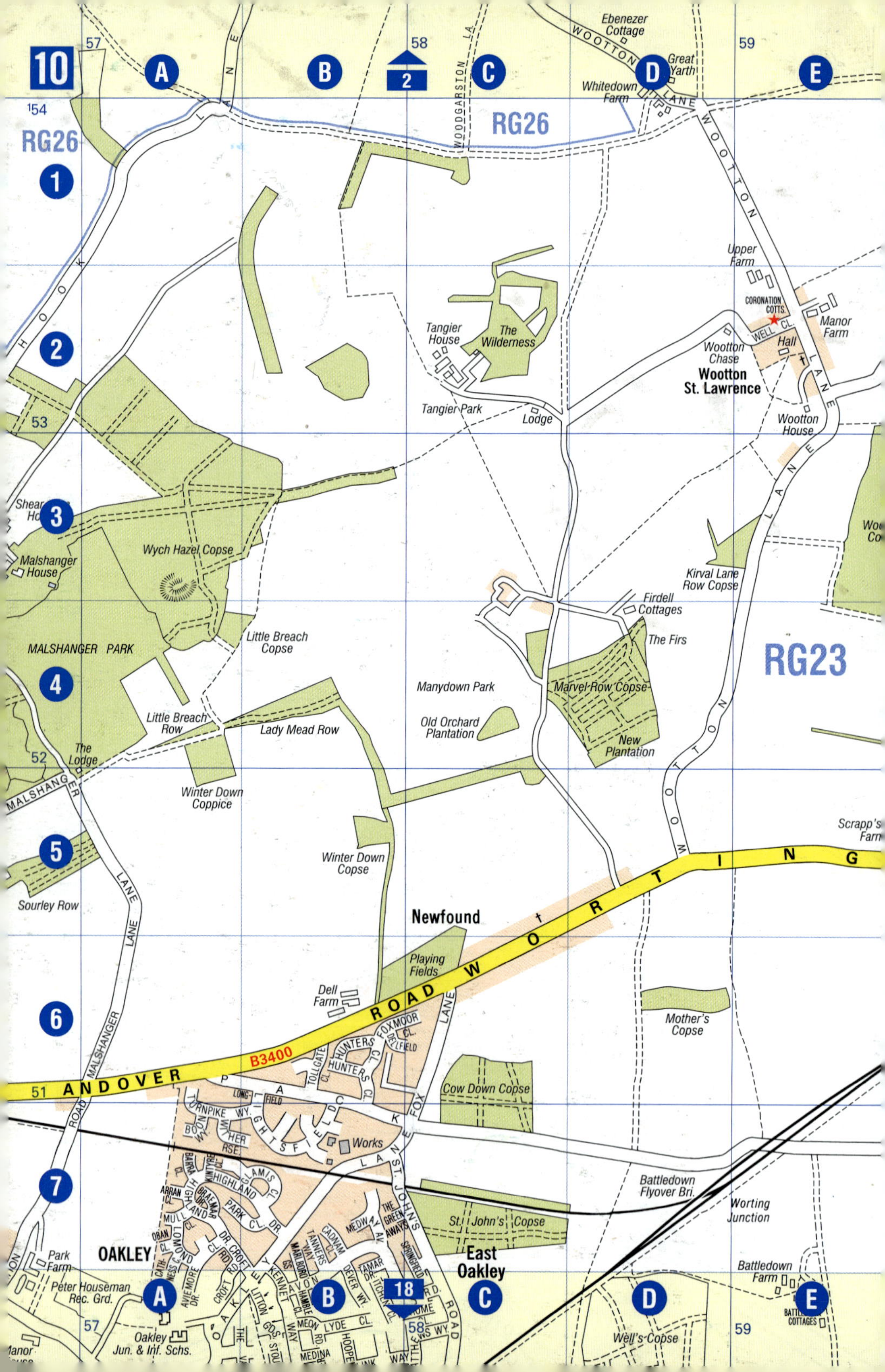

10
A
B
C
D
E
1
2
3
4
5
6
7
57
58
59
2
18
154
53
52
51
RG26
RG23
Ebenezer Cottage
WOOTTON LANE
Great Yarth
Whitedown Farm
WOODGARSTON LA.
HOOK LANE
Upper Farm
CORONATION COTTS.
WELL CL.
Manor Farm
Hall
Wootton Chase
Wootton St. Lawrence
Wootton House
Tangier House
The Wilderness
Tangier Park
Lodge
Malshanger House
Wych Hazel Copse
MALSHANGER PARK
Little Breach Copse
Firdell Cottages
The Firs
Kirval Lane Row Copse
Manydown Park
Marvel Row Copse
Old Orchard Plantation
New Plantation
Little Breach Row
Lady Mead Row
The Lodge
MALSHANGER
Winter Down Coppice
Winter Down Copse
Scrapp's Farm
WORTING
Sourley Row
Newfound
Playing Fields
Dell Farm
ROAD
MALSHANGER LANE
ANDOVER
B3400
FOXMOOR CL.
HUNTERS CL.
DELLFIELD
TOLLGATE CL.
LONGFIELD
PARK
TURNPIKE WY.
BOON WY.
WITHER RSE.
LIGHTSFIELD
FOX LANE
Works
Mother's Copse
Cow Down Copse
Battledown Flyover Bri.
Worting Junction
St. John's Copse
East Oakley
ST. JOHN'S
THE GREEN AWAYS
GLAMIS CL.
HIGHLAND
PARK CL.
HIGHLAND DR.
ARRAN CL.
MULL CL.
OBAN CL.
LOMOND CL.
AVIEMORE DR.
CROFT RD.
DR. CROFT
OAKLEY
KENNET WAY
AVON WAY
HAMBLE WAY
TANNERS WAY
CADNAM CL.
MEDWAY AV.
DEVER WY.
TAMAR DR.
ITCHEN CL.
SPRINGFIELD
LYDE CL.
MEON RD.
MEDINA
LITTON GDS.
Park Farm
Peter Houseman Rec. Grd.
Oakley Jun. & Inf. Schs.
Battledown Farm
Well's Copse

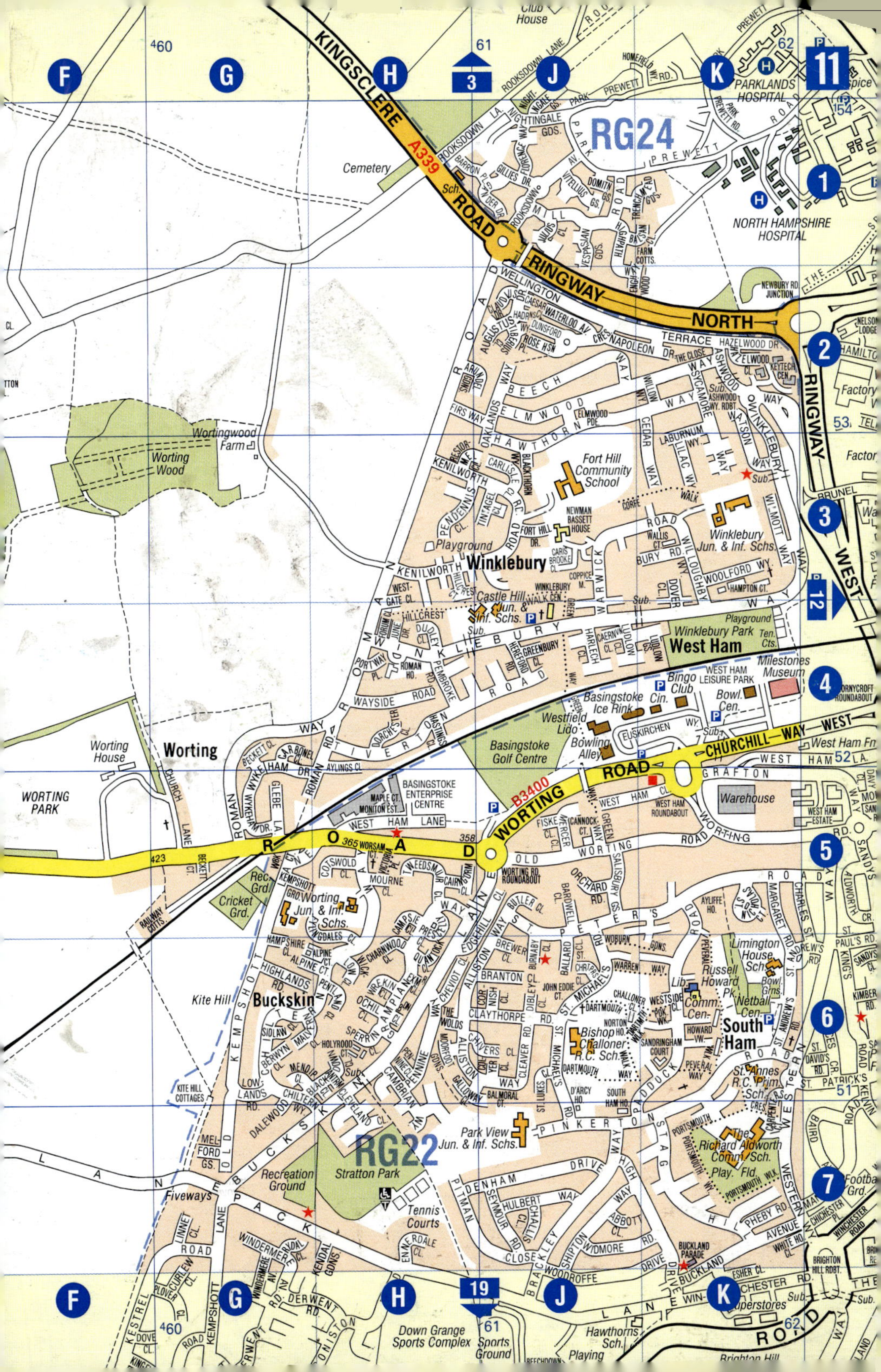
11
RG24
RG22
KINGSCLERE ROAD
A339
RINGWAY NORTH
RINGWAY WEST
WORTING ROAD
B3400
CHURCHILL WAY WEST
Cemetery
Wortingwood Farm
Worting Wood
Worting House
Worting
WORTING PARK
Kite Hill
KITE HILL COTTAGES
Buckskin
Winklebury
West Ham
South Ham
Fort Hill Community School
Winklebury Jun. & Inf. Schs.
Castle Hill Jun. & Inf. Schs.
Winklebury Park
Milestones Museum
WEST HAM LEISURE PARK
Bingo Club
Basingstoke Ice Rink
Westfield Lido
Bowling Alley
Basingstoke Golf Centre
BASINGSTOKE ENTERPRISE CENTRE
Warehouse
Worting Jun. & Inf. Schs.
Cricket Grd.
Rec. Grd.
Bishop Challoner R.C. Sch.
Limington House Sch.
Russell Howard Pk.
St. Annes R.C. Prim. Sch.
The Richard Aldworth Comm. Sch.
Park View Jun. & Inf. Schs.
Stratton Park
Recreation Ground
Tennis Courts
Fiveways
Down Grange Sports Complex
Sports Ground
Hawthorns Sch.
Superstores
PARKLANDS HOSPITAL
NORTH HAMPSHIRE HOSPITAL
NEWBURY RD JUNCTION
WEST HAM ROUNDABOUT
WORTING RD. ROUNDABOUT
BUCKLAND PARADE
BRIGHTON HILL RDBT.
ROMAN ROAD
WINKLEBURY WAY
WEST HAM LANE
OLD WORTING ROAD
PACK LANE
BUCKSKIN LANE
KEMPSHOTT LANE
PINKERTON ROAD
BUCKLAND AVENUE
WINCHESTER ROAD
WESTERN WAY
ST. PETER'S ROAD
PREWETT ROAD
HAWTHORN WAY
ELMWOOD WAY
BEECH WAY
WELLINGTON TERRACE
NAPOLEON DR.
KENILWORTH RD.
WAYSIDE ROAD
TIVERTON RD.
GRAFTON WAY
F G H J K
1 2 3 4 5 6 7
3 12 19
460 61 62
154 53 52 51

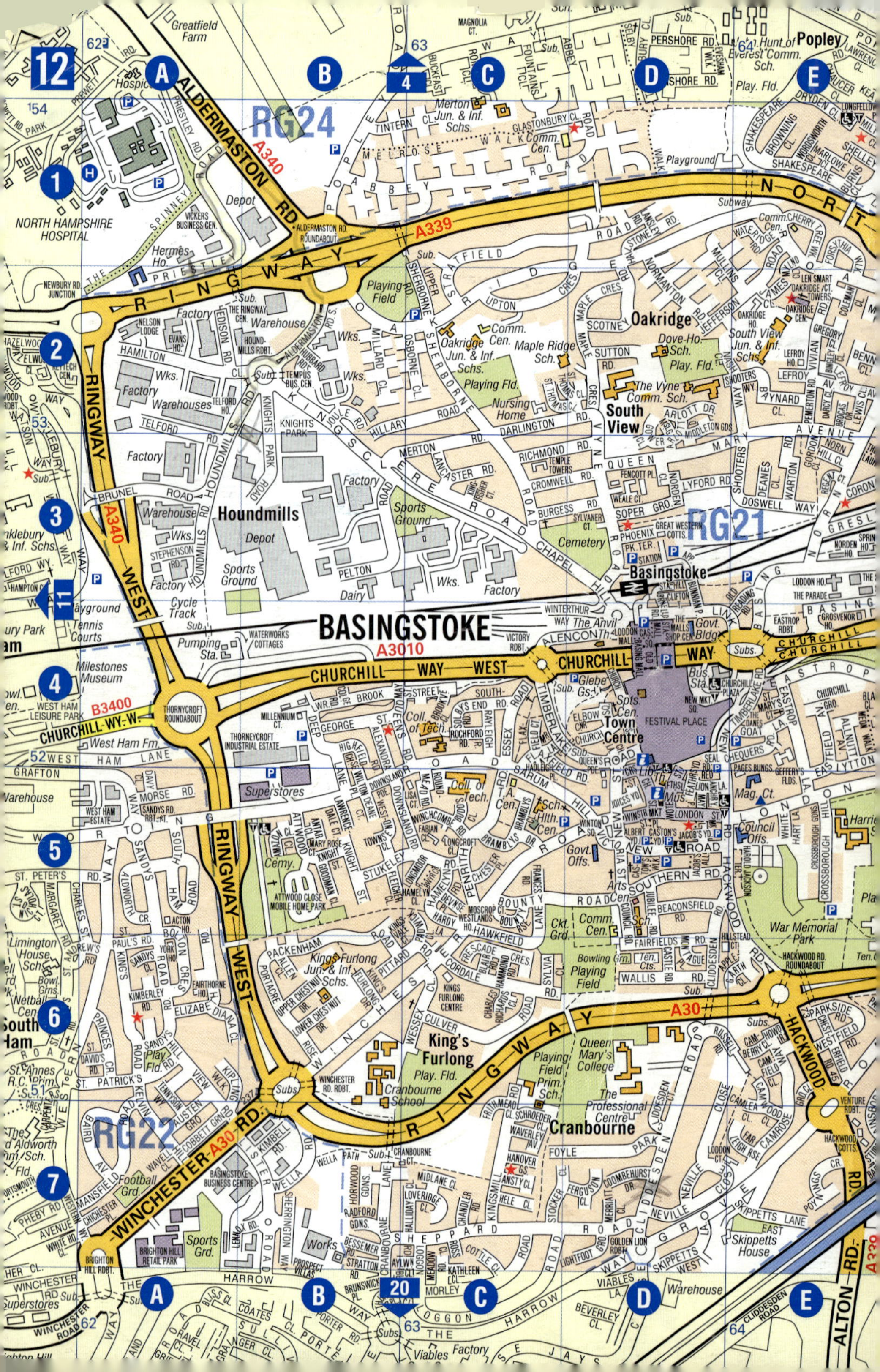
BASINGSTOKE
RG24
RG21
RG22
NORTH HAMPSHIRE HOSPITAL
Greatfield Farm
Popley
Oakridge
South View
Houndmills
King's Furlong
Cranbourne
Town Centre
FESTIVAL PLACE
Basingstoke
War Memorial Park
Queen Mary's College
The Professional Centre
Skippetts House
ALDERMASTON RD
A340
A339
RINGWAY
RINGWAY WEST
CHURCHILL WAY WEST
CHURCHILL WAY
A3010
B3400
CHURCHILL WY. W.
WINCHESTER RD.
A30
HACKWOOD RD.
ALTON RD.
THORNYCROFT ROUNDABOUT
WEST HAM LANE
WEST HAM LEISURE PARK
Milestones Museum
Superstores
BRIGHTON HILL RETAIL PARK
Cemetery
Sports Ground
Playing Field
Depot
Factory
Warehouse
Pumping Sta.
Cycle Track
Merton Jun. & Inf. Schs.
Oakridge Jun. & Inf. Schs.
Kings Furlong Jun. & Inf. Schs.
Coll. of Tech.
Glebe Gs.
Council Offs.
Mag. Ct.
Govt. Bldg.
The Anvil
WINCHESTER RD. RDBT.
HACKWOOD RD. ROUNDABOUT
VENTURE RDBT.
ALDERMASTON RD. ROUNDABOUT
NEWBURY RD. JUNCTION
VICTORY RDBT.
EASTROP RDBT.
BRIGHTON HILL RDBT.
VIABLES LA.
HARROW WAY
SOUTHERN RD
LONDON RD
VICTORIA ST
WORTING RD
SARUM HILL
ROAD
63
64
62
52
53
54
51
A
B
C
D
E
1
2
3
4
5
6
7
4
11
20

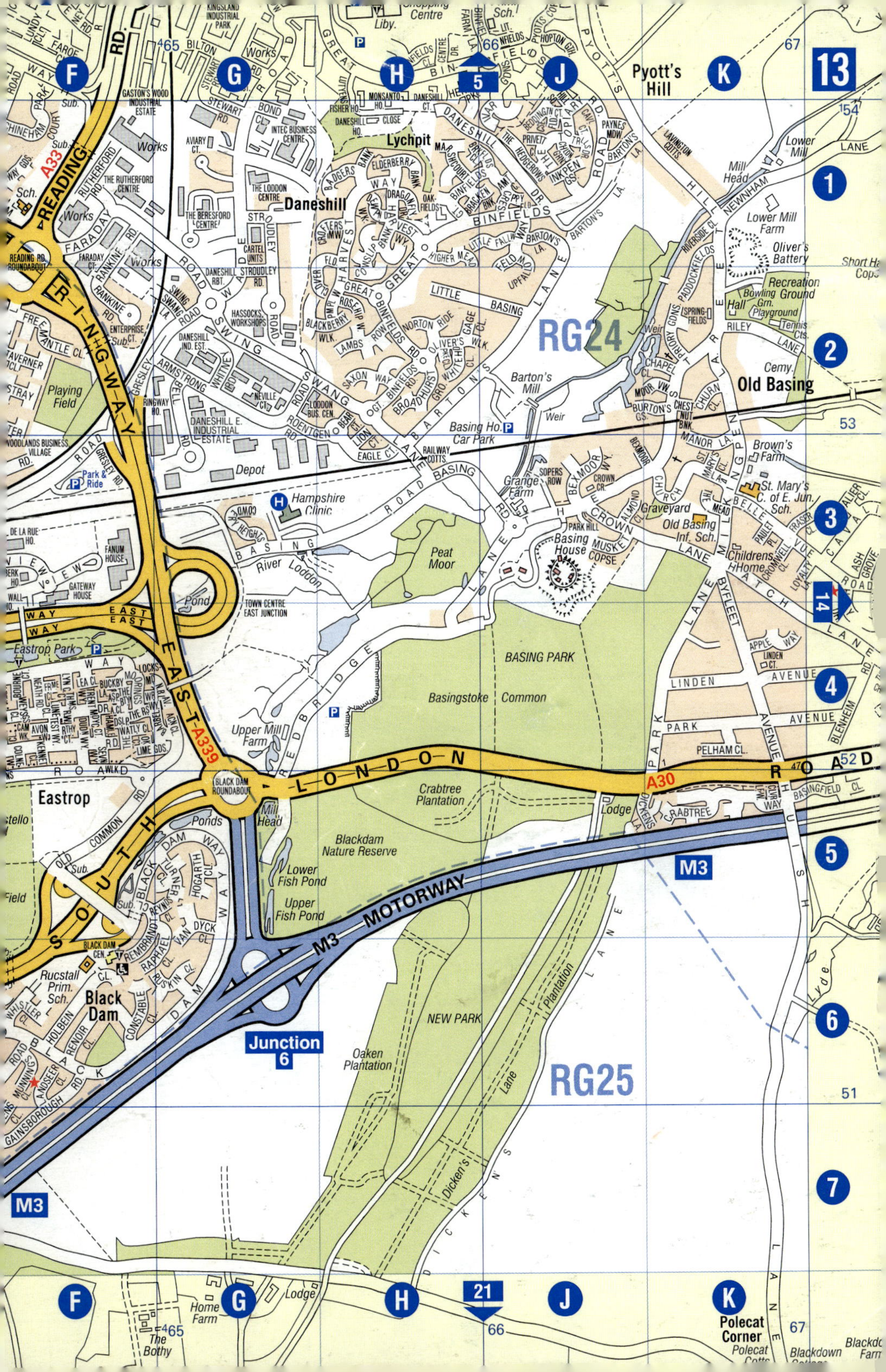

Pyott's Hill
Lychpit
Daneshill
RG24
Old Basing
Barton's Mill
Basing Ho. Car Park
Brown's Farm
St. Mary's C. of E. Jun. Sch.
Old Basing Inf. Sch.
Hampshire Clinic
Basing House
Peat Moor
River Loddon
BASING PARK
Basingstoke Common
Upper Mill Farm
Crabtree Plantation
Blackdam Nature Reserve
Lower Fish Pond
Upper Fish Pond
Eastrop
Eastrop Park
Black Dam
Rucstall Prim. Sch.
Junction 6
M3 MOTORWAY
LONDON ROAD
A30
A33
A339
RINGWAY EAST
SOUTH
READING RD.
RG25
NEW PARK
Oaken Plantation
Dicken's Lane
Polecat Corner
Home Farm
The Bothy
Lodge
Lower Mill
Mill Head
Lower Mill Farm
Oliver's Battery
Recreation Ground
Cemy.
Grange Farm
Depot
Park & Ride
Playing Field
Pond
Ponds
Graveyard
Childrens Home
5
14
21
F
G
H
J
K
1
2
3
4
5
6
7

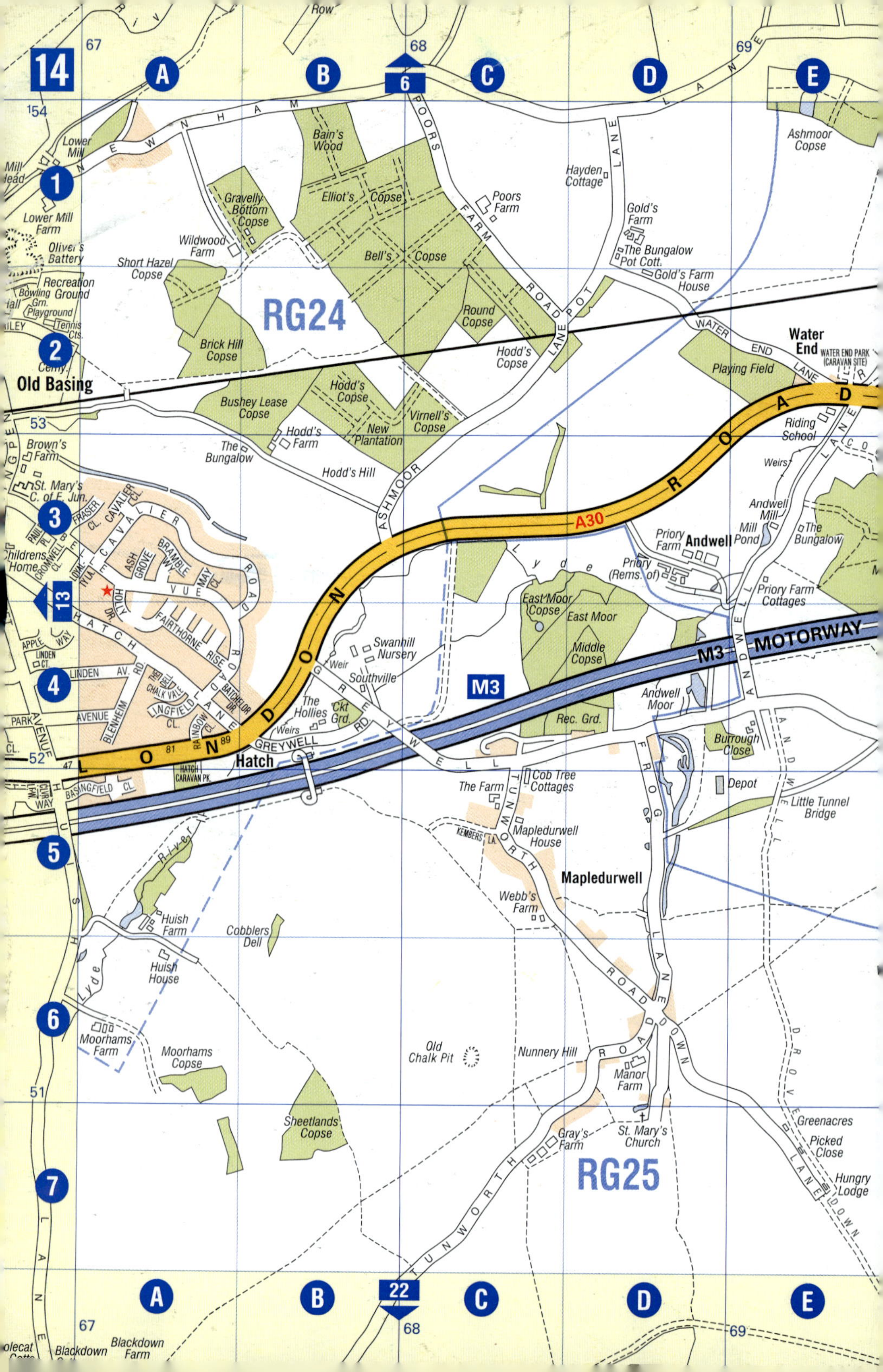

14
A
B
C
D
E
6
22
13
1
2
3
4
5
6
7
67
68
69
154
53
52
51
47
81
89
RG24
RG25
Row
NEWNHAM LANE
Lower Mill
Mill Head
Lower Mill Farm
Oliver's Battery
Recreation Ground
Bowling Grn.
Playground
Tennis Cts.
Cemy.
Old Basing
Gravelly Bottom Copse
Wildwood Farm
Short Hazel Copse
Brick Hill Copse
Bain's Wood
Elliot's Copse
Bell's Copse
Round Copse
Hodd's Copse
Bushey Lease Copse
Hodd's Farm
New Plantation
Virnell's Copse
The Bungalow
Hodd's Hill
POORS FARM ROAD
Poors Farm
Hayden Cottage
Gold's Farm
The Bungalow
Pot Cott.
Gold's Farm House
POT LANE
Ashmoor Copse
WATER END LANE
Water End
WATER END PARK (CARAVAN SITE)
Playing Field
Riding School
Weirs
Andwell Mill
Mill Pond
The Bungalow
Priory Farm
Andwell
Priory (Rems. of)
Priory Farm Cottages
LONDON ROAD
A30
ASHMOOR LANE
Lyde
East Moor Copse
East Moor
Middle Copse
M3 MOTORWAY
M3
Andwell Moor
Rec. Grd.
Burrough Close
Depot
ANDWELL LANE
Little Tunnel Bridge
Brown's Farm
St. Mary's C. of E. Jun.
Childrens Home
CAVALIER
FRASER CL.
CAVALIER CL.
PAULET PL.
CROMWELL CL.
LOYAL CL.
ASH GROVE
BRAMBLE WY.
MAY CL.
VUE
HOLLY DR.
FAIRTHORNE RISE
HATCH LANE
APPLE WAY
LINDEN CT.
LINDEN AV.
THE DELL
CHALK VALE
LINGFIELD CL.
RAINBOW CL.
BATCHELOR DR.
PARK AVENUE
BLENHEIM AVENUE
Weir
Swanhill Nursery
Southville
The Hollies
Ckt Grd.
Weirs
GREYWELL RD
GREYWELL
Hatch
HATCH CARAVAN PK.
BASINGFIELD CL.
LWR. WAY
CL.
The Farm
Cob Tree Cottages
KEMBERS LA.
Mapledurwell House
Mapledurwell
Webb's Farm
TUNWORTH ROAD
FROG LANE
River Lyde
Huish Farm
Huish House
Cobblers Dell
Moorhams Farm
Moorhams Copse
Old Chalk Pit
Nunnery Hill
Manor Farm
St. Mary's Church
Gray's Farm
Sheetlands Copse
DOWN ROAD
DROVE LANE
Greenacres
Picked Close
Hungry Lodge
DOWN
HUISH LANE
olecat Cotts
Blackdown Cotts
Blackdown Farm

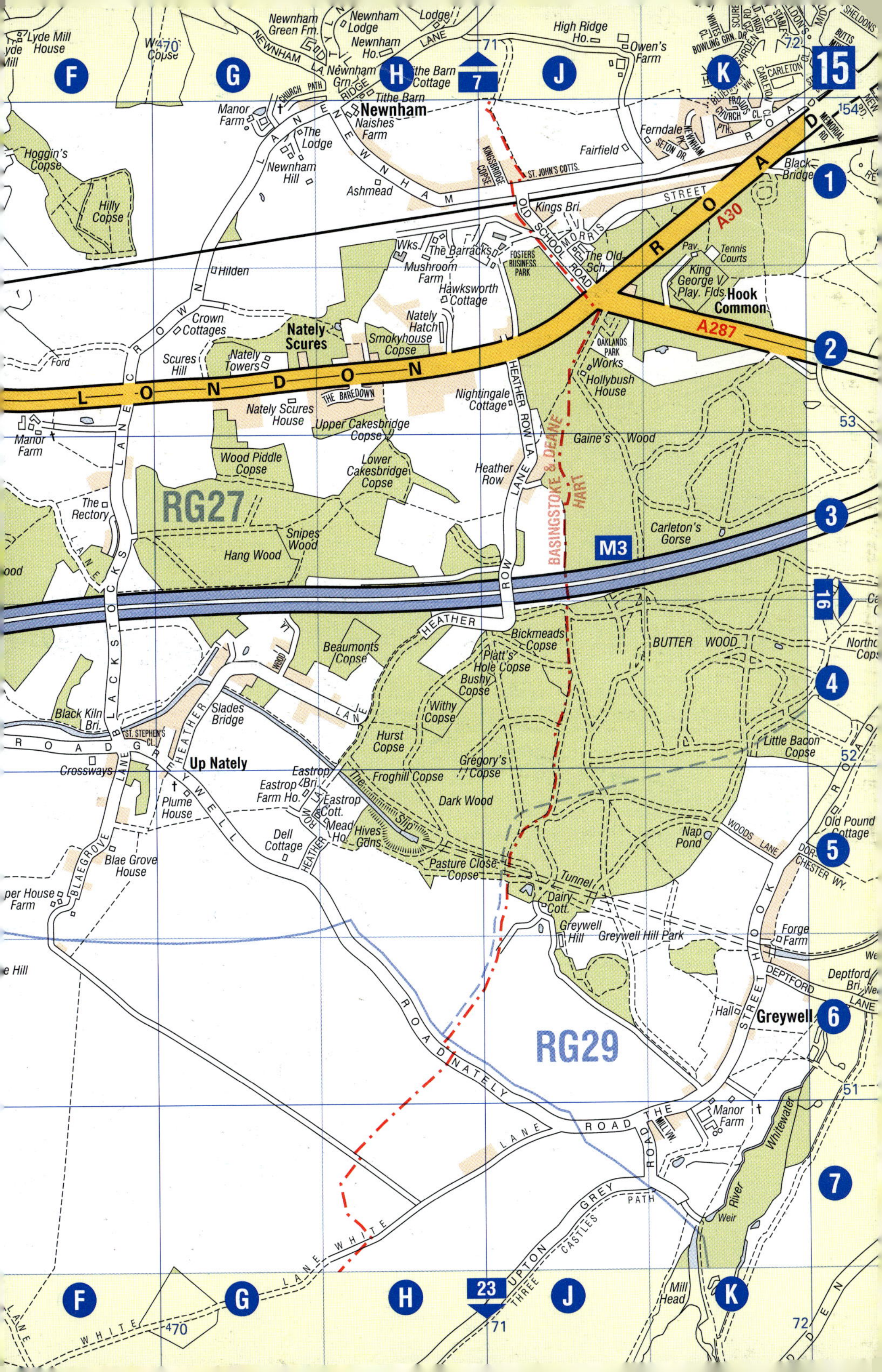

Lyde Mill House
Newnham Green Fm.
Newnham Lodge
Lodge
Newnham Ho.
High Ridge Ho.
Owen's Farm
Newnham La.
Newnham Grn.
Tithe Barn Cottage
Tithe Barn
7
Newnham
Naishes Farm
Manor Farm
Church Path
The Lodge
Newnham Hill
Hoggin's Copse
Hilly Copse
Ashmead
Kingsbridge Copse
St. John's Cotts.
Fairfield
Ferndale
Seton Dr.
Black Bridge
Kings Bri.
Street
Old School Road
Morris
The Old Sch.
A30
Pav.
Tennis Courts
King George V Play. Flds.
Hook Common
A287
Wks.
The Barracks
Mushroom Farm
Fosters Business Park
Hilden
Hawksworth Cottage
Crown Cottages
Nately Scures
Nately Hatch
Smokyhouse Copse
Oaklands Park
Works
Hollybush House
Ford
Scures Hill
Nately Towers
London Road
The Baredown
Nightingale Cottage
Nately Scures House
Upper Cakesbridge Copse
Manor Farm
Wood Piddle Copse
Lower Cakesbridge Copse
Heather Row La.
Gaine's Wood
Heather Row
RG27
The Rectory
Basingstoke & Deane
Hart
Snipes Wood
Hang Wood
M3
Carleton's Gorse
16
Heather Row
Beaumonts Copse
Bickmeads Copse
Platt's Hole Copse
Butter Wood
Bushy Copse
Withy Copse
Blackstocks Lane
Black Kiln Bri.
St. Stephen's Cl.
Slades Bridge
Lane
Hurst Copse
Gregory's Copse
Little Bacon Copse
Road
Crossways
Up Nately
Eastrop Bri.
Eastrop Farm Ho.
Eastrop Cott.
Froghill Copse
Dark Wood
Plume House
Greywell
Mead Ho.
Hives Gdns
The Slip
Dell Cottage
Old Pound Cottage
Nap Pond
Woods Lane
Dorchester Wy.
Blae Grove House
Blaegrove
Pasture Close Copse
Tunnel
Dairy Cott.
Greywell Hill
Greywell Hill Park
Forge Farm
Deptford Bri.
Deptford Lane
Hook Street
Hall
Greywell
RG29
Nately Road
The Road
Manor Farm
Mill Wy.
Whitewater
River
Weir
Lane
Grey Path
Three Castles Path
Upton
White Lane
Mill Head
23
F
G
H
J
K
1
2
3
4
5
6
7
470
71
72
54
53
52
51

Hook
Superstore
Depots
Works
BARTLEY WOOD BUSINESS PARK (WEST)
BARTLEY WOOD BUSINESS PARK (EAST)
OSBORN IND. EST.
THE ROSE ESTATE
GRIFFIN WAY SOUTH
GRIFFIN WAY
B3349
RG27
RG29
Holt Lane Farm
Holt Copse
Holt Farm
Bridge Farm
Little Holt
HOLT LANE
Monymusk Farm
Lyndhurst
Scotland Farm
M3
M3 MOTORWAY
Bull's Bushes
BARTLEY HEATH
STATION ROAD
HOOK ROAD
A287
Depot
Junction 5
Whitewater
Poland Mill
Praed House
Weirs
Lodge Farm
Lodge Farm Cottages
Weir
Catman's Corner
BUTTER WOOD
Northouse Copse
Little Bacon Copse
DERBYFIELDS
WEST ROAD
The Mount
THE GREEN
MILL LANE
Mill Corner
Mill Ho.
Mill Mead
Warnborough Green
BASINGSTOKE CANAL
PATH
Ford
Castle Mill Ho.
Castle Mill Cott.
Odiham Castle (Rems. of)
Old Pound Cottage
Aqueduct
Castle Bri. Ho.
THREE CASTLES PATH
Swing Bri.
Swan Bri.
TUNNEL LANE
HOOK ROAD
BRIDGE RD.
CANAL CL.
NEW ROAD
KING JOHNS ROAD
CLEVEDGE WAY
CASTLE RI.
CHAPEL POND DR.
PRIORS ROW
NURSERY TER.
Valentine Farm
DORCHESTER WAY
WOODS LA.
Forge Farm
Greywell Pumping Sta.
Waterworks Cotts.
Deptford Bri.
Deptford Cottage
DEPTFORD LANE
Greywell
HOOK STREET
River Whitewater
STREET
QUEENS RD.
CLOSE
LAUREL CL.
ANDREW CL.
ADAMS
Adams Farm
Hockley Farm
North Warnborough
DUNLEY'S HILL
B3349
Robert May's School
WEST STREET
SALMONS RD.
BUFFINS ROAD
BUFFINS CORNER
RECREATION RD.
FIRS LANE
Rec. Grd.
Hall
ALTON ROAD
WESTERN LA.
WEST CL.
HIGH STREET
WESTERN CROSS
ODIHAM
FOUNTAIN'S MALL
PALACE GATE FARM
DEER PARK VW.
The Bury
Cemetery
BURYFIELDS
Public Gardens
ODIHAM COTT. HOSP.
Play. Fld.
Buryfields Inf. Sch.
The Mead
Playing Field
KING STREET
LONG LANE
BIDDEN ROAD
Chosley Farm
Fairfield Mast
The Firs
Firs House
Hook Common
A B C D E
1 2 3 4 5 6 7
72 73 74
51 52 53 54
8
15
24

Beggars Corner
Tossell Wood
Keepers Cottage
Oldman's Copse
Tudor Farm
Bottom Copse
Blacklands Copse
RG27
Paynes Cottage
Gravelly Copse
Withy Bed Copse
Bridge Farm
Chevertons
The Oast House
Court Ho.
The Cottage
Round Copse
Potbridge
Potbridge Farm
The Rectory
Hellet's Copse
Poachers Croft
Woodlands Cottage
B3016
Sunnyside
South View
The Old Rectory
The Cottage
Stacey's Bri.
Allen's Tree
Oak Hatch
Rectory Cottage
Mousey Row
Greenways Farm
Bagwell Green
Swan's Farm Cottages
Dairy Cottage
Swan's Farm
Baseley's Bri.
Towing Path
Yew Tree Copse
ODIHAM COMMON
Bagwell Shaw
Dogmersfield Plat
Odiham Wood
Sprats Hatch Bri.
Sandy Hill Bri.
Sprats Hatch Farm
Sprats Hatch Cotts.
Poland Farm
Whitehall
Poland Court
Cherry Hill
Green Hill
Poland Ho.
Lousey Moor
Derrydown
Bagwell House
Calves Pightle Copse
The Hunting Lodge
Piller's Copse
Wilk's Water
Broad Oak Bri.
Orchard Cott.
Lake Head
GREAT PARK
Broad Oak House
Broad Oak Common
Piller's Park
Sewage Works
Broad Oak
Weir
Dogmersfield Lake
DOGMERSFIELD PARK
Subway
Broad Oak Farm
Nursery
Boat Ho.
Daneshill Sch.
Playing Field
Play. Fld.
Park Wall Copse
Colt Hill
Hatchwood Farm
Stanhope Farm
Forest Park
Hatchwood House
Fermoy
Harewarren Plantation
New Bungalow
A287
Farnham Lodge Plantation
Lothams
Hillside Common
Berry Horn Cottage
Berry Horn House
River's Park
Frayle
Fish Farm
Wychwood Carp Farm
Harewarren Farm
Wheeler House
Hill Side
Old Green Cottage
Hill Side Farm
Bullock's Farm
Varndell's Copse
Sewage Wks.
Varndell House
Redbrick
Darwin's Farm
Darwins
Darwins House
Southernway
Varnwood
Rye Common
LONDON ROAD
ODIHAM ROAD
BAGWELL LANE
FARNHAM ROAD
BASINGSTOKE CANAL
THREE CASTLES PATH
SPRAT'S HATCH LANE
THREE LANE
BROAD OAK LANE
ROKE LANE
HILL SIDE ROAD
THE WHARF
CHALKY LANE

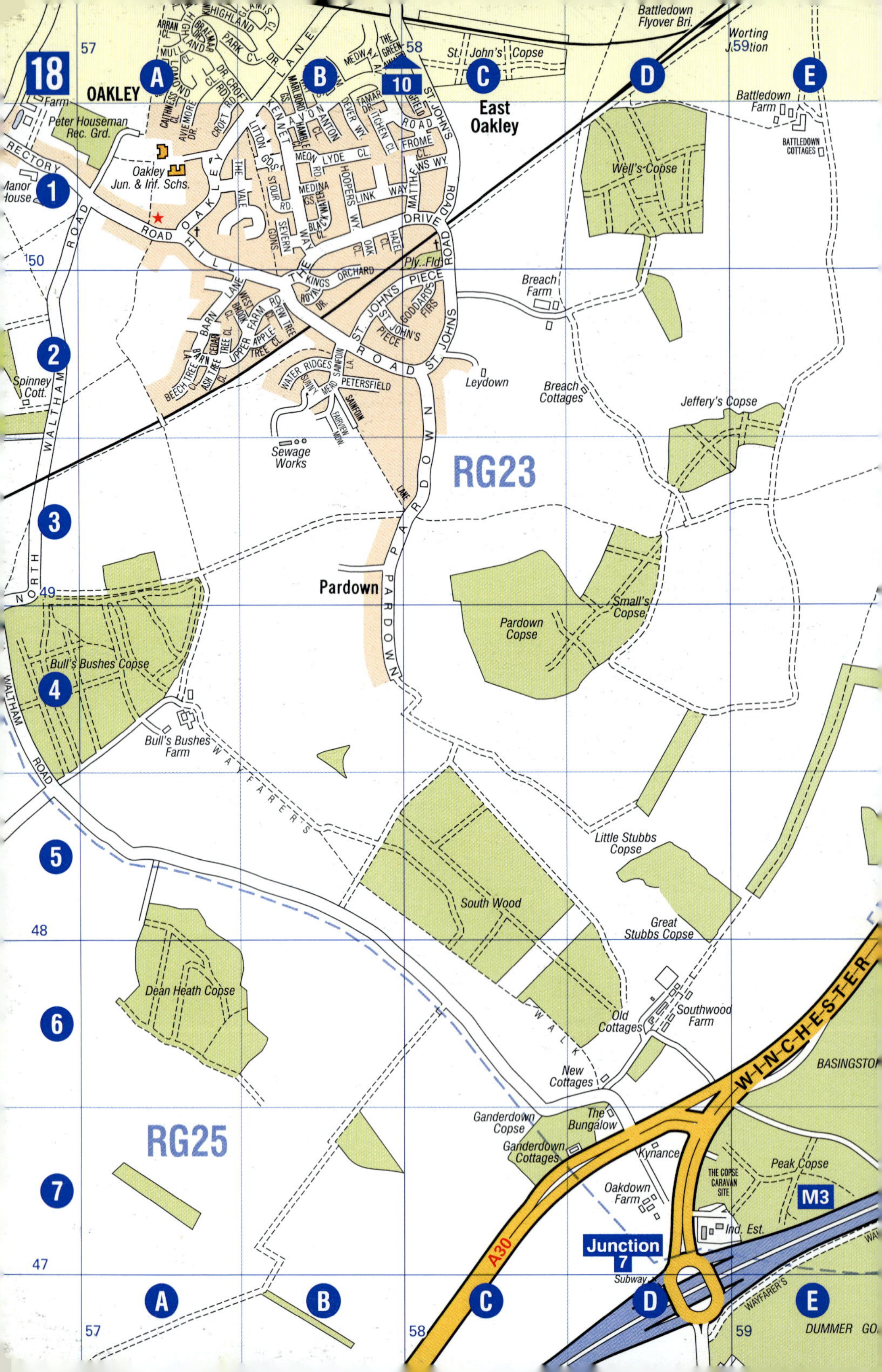
18
OAKLEY
East Oakley
Pardown
RG23
RG25
Peter Houseman Rec. Grd.
Oakley Jun. & Inf. Schs.
Manor House
Farm
Spinney Cott.
Battledown Flyover Bri.
Worting Junction
St. John's Copse
Battledown Farm
BATTLEDOWN COTTAGES
Well's Copse
Breach Farm
Breach Cottages
Jeffery's Copse
Leydown
Sewage Works
Ply. Fld.
Pardown Copse
Small's Copse
Bull's Bushes Copse
Bull's Bushes Farm
South Wood
Little Stubbs Copse
Great Stubbs Copse
Dean Heath Copse
Old Cottages
Southwood Farm
New Cottages
Ganderdown Copse
Ganderdown Cottages
The Bungalow
Kynance
Oakdown Farm
THE COPSE CARAVAN SITE
Ind. Est.
Peak Copse
BASINGSTO
Junction 7
Subway
M3
A30
WINCHESTER
DUMMER GO
RECTORY ROAD
NORTH WALTHAM ROAD
WALTHAM ROAD
OAKLEY HILL ROAD
OAKLEY LANE
PARDOWN
PARDOWN LANE
ST. JOHNS ROAD
ST. JOHNS ROAD DRIVE
WAYFARER'S WALK
WAYFARER'S
HIGHLAND DR.
GLAMIS CL.
PARK CL.
ARRAN CL.
MULL CL.
CAITHNESS CL.
AVIEMORE DR.
CROFT RD.
THE VALE
LITTON GDS.
STOUR RD.
SEVERN GDNS.
KENNET CL.
AVON CL.
MARLBORO GS.
HAMBLE CL.
MEON RD.
MEDINA GS.
LYDE CL.
ANTON CL.
DEVER WY.
TAMAR DR.
ITCHEN CL.
FROME CL.
HOOPERS WY.
LINK WAY
BLACKWATER CL.
MEDWAY AV.
THE GREEN
OAK CL.
HAZEL CL.
THE KINGS
ORCHARD
ROYAL DR.
ST. JOHN'S PIECE
GODDARDS FIRS
BARN LANE
BARN CL.
WEST BROOK CL.
FARM RD.
YEW TREE
CEDAR TREE CL.
UPPER APPLE TREE CL.
BEECH TREE CL.
ASH TREE CL.
WATER RIDGES
SAINFOIN LA.
SUNNY MEAD
PETERSFIELD
SAINFOIN
FAIRVIEW MDW.
10
A B C D E
1 2 3 4 5 6 7
57 58 59
150 49 48 47

F
G
H
J
K
1
2
3
4
5
6
7
11
20
Fiveways
Recreation Ground
Stratton Park
Tennis Courts
Down Grange Sports Complex
Sports Ground
Playing Fields
Down Grange Farm
Playing Field
Beechdown House
Hawthorns Sch.
Superstores
Brighton Hill Community Sch.
Brighton Hill Rdbt.
Kempshott
RG22
Kempshott Jun. & Inf. Sch.
The Limes
Buckingham Pde.
Winchester Road
A30
Kempshott Rdbt.
Brighton Hill
Comm. Cen.
Prim. Sch.
Brighton Hill Cen.
Manor Field Jun. & Inf. Schs.
Comm. Cen.
Hatch Warren Jun. & Inf. Schs.
Hatch Warren Cotts.
Playing Fields
Hatch Hill
Hatch Warren Fm.
Hatch Warren
Superstore
Hatch Warren Retail Pk.
Playing Field
St. Mark's Primary Sch.
Kempshott Hill
Club House
Coachroad Belt
Old Beggarwood Lane
Kempshott Park
Golf Club
The Cedars
Kempshott Park Ind. Est.
M3 Motorway
M3
Cliddesden Lane
New Town Cottage
Rifle Butts
Sullenger's Copse
Gunavie Cott
Woodside
Kennel Farm
Kempshott Copse
Shortwood's Copse
Stable Cotts
The Old Cott.
Shrub Copse
Rowley Copse
RG25
Farleigh Hill
Broadmere
Farleigh Mortimer
Broadmere House
Farleigh
Fellows House
B3046
Farleigh Lodge
Farleigh Wallop
Club Cottages
Farleigh Lane
Foxhall
Liddle Copse
460
61
62
150
49
48
47

20
12
19
A
B
C
D
E
1
2
3
4
5
6
7
62
63
64
50
49
48
47
RG21
RG22
M3
M3 MOTORWAY
B3046
A30
A339
CLIDDESDEN ROAD
FARLEIGH ROAD
ALTON ROAD
THE HARROW WAY
WINCHESTER ROAD
BRIGHTON HILL RDBT.
VIABLES RDBT.
Football Grd.
Sports Grd.
BASINGSTOKE BUSINESS CENTRE
Superstores
RETAIL PARK
PROSPECT VILLAS
CUMBERLAND AV.
SULLIVAN ROAD
PORTER RD.
PORTER CL.
COATES CL.
GRAINGER CL.
RAVEL CL.
GRIEG CL.
BARTOK CL.
DELIUS CL.
ELGAR CL.
HANDEL CL.
PURCELL CL.
BRITTEN RD.
BRITTEN ROAD
BORODIN CL.
TALLIS GDNS.
Play. Fld.
Prim. Sch.
STRAVINSKY RD.
MAHLER CL.
CORELLI RD.
DELIBES
SCARLATTI RD.
BERKELEY DR.
KETELBEY RISE
HATCH WARREN LANE
HATCHWARREN GS.
TIPPETT GS.
BRAHMS RD.
MOZART CL.
WAGNER CL.
SCHUBERT RD.
BEETHOVEN
ROSSINI CL.
HOLST CL.
SIBELIUS CL.
VIVALDI CL.
CHOPIN RD.
HAYDN
NOVELLO
GERSHWIN ROAD
Depot
BRIGHTON HILL CEN.
BRIGHTON HILL PDE.
Manor Field Jun. & Inf. Schs.
Brighton Hill Community Sch.
Playing Fields
Viables Craft Cen.
Factory
VIABLES INDUSTRIAL ESTATE
JAYS CLOSE
VIABLES LA.
BEVERLEY CL.
Warehouse
SKIPPETTS LANE EAST
SKIPPETTS LANE WEST
Skippetts House
NEVILLE CL.
LIDDELL WAY
MORLEY
KATHLEEN CL.
SHEPPARD RD.
ROSS CL.
MEADOW
COTTLE
CHANDLER RD.
KINGSMILL
HELE CL.
ANSTY CL.
FERGUSON CL.
MERRIATT
COOMBEHURST DR.
STOCKER ROAD
LIGHTFOOT GRO.
MIDLANE CL.
LOVERIDGE CL.
RADFORD GDNS.
HORWOOD GDNS.
BESSEMER RD.
STRATTON RD.
BRUNSWICK PL.
LENNOX RD.
LISTER RD.
SHERRINGTON WAY
WELLAND
Pensdell Farm
PENSDELL FARM COTTAGES
Audleys Close
Audleys Wood
Cliddesden
Hillfield
Cliddesden Hill
WOODS LANE
COLD HARBOUR COTTAGES
Rectory
POND COTTS.
Works
Church Farm
SOUTHLEA
CHURCH LA.
HOOPERSMEAD
Rectory Cottages
Manor Farm Cottage
Manor Farm
STATION ROAD
Railway Cottages
The Bungalow
Cliddesden Nurseries
HACKWOOD LANE
The Firs
Poultry Farm
Reservoirs (Covered)
Middle Copse
New Town Cottage
Cliddesden Prim. Sch.
Pidden Hill
Northgate
Broadmere
BROADMERE
Broadmere House
PIGEONHOUSE LANE
Farleigh Wallop
Club Cottages
Home Farm
AVENUE
White Hill
White Hill Dell
Eight Acre Dell
Doper's Copse
Kingsmore Copse
Allwood Copse
ALLEY LA.

21

RG25

Hackwood Park area map

Grid references: F, G, H, J, K (columns) / 1–7 (rows)

Labelled features:
- Home Farm, Lodge, The Bothy
- The Pelican
- Polecat Cotts., Blackdown Cotts., Blackdown Farm
- Polecat Corner
- Shothanger Row
- Hackwood Farm
- Roundtown
- The Basin
- Amphitheatre, Old Cockpit, Temple
- Spring, Wood, Polly Peacham's Garden
- Hackwood House, Fountain, The Cubs
- BROAD WALK, THE AVENUE
- Wild Garden
- Brick Kiln Copse
- Hatwood's Copse
- Fulham's Copse
- Picked Craft Copse
- Priest Wood
- Stockham's Row
- CASTLES, LONGRODEN PATH
- Tytherlands
- Tangworth Lodge
- Swallick Wood
- Lodge Plantation
- Winslade House, Winslade Farm
- Rectory Cottage
- Winslade
- Little Hen Wood
- Smallhill
- Swallick Cottages
- Winslade Cottages
- The Chalet
- Underpass
- Buckshorn Copse
- West Field Beeches
- Tytherlands
- Humm Clump
- Poor Hill
- HEN WOOD
- Whinney's Copse
- Fryingdown Copse
- Round Copse
- Cowdray's Copse
- Forfield Plantation
- Little Bushywarren Copse
- Quidliz Round
- The Avenue
- Guy's Copse
- HACKWOOD PARK
- HERRIARD PARK
- A339
- CASTLES WINSLADE LANE PATH
- THREE

Marginal: 465, 466, 467, 47, 48mp, 49, 150

Adjacent sheets: 13, 22

22

RG25

Grid A (67)
- Polecat Corner
- Polecat Cotts
- Blackdown Cottage
- Blackdown Farm
- Huish Lane

Grid B (68)
- Tunworth Road
- Down Plantation
- Tunworth Down House
- Tunworth Down
- Gaston Copse
- Lion's Row
- Tunworth
- Manor Farm Cottage
- Trelawney
- Rose Cottage
- Old Sch. Cottage
- Four-ways
- Tunworth Lodge
- Manor Farm
- The Old Rectory
- The Barracks
- Tidbury Ring
- Tunworth Belt
- Hay Down
- The Board
- Coombe Wood
- Haydown Belt
- Tom's Copse
- Hook's Copse

Grid C
- The Searchlight Bungalow
- Ragmore Cottages
- Lovely Cottage
- Down Farm
- Tunworth Hill Cottages
- Copse Close Beeches
- The Dower House
- Prior's Hill
- Reeds Farm House
- Reed Dell
- Middle Copse
- Haydown
- White Lane

Grid D (69)
- Sturts Copse
- Knights Wood
- Pudding Copse
- Three Castles Path
- Upton Grey Lodge
- Green's Copse
- Weston Corbett House
- Weston Corbett
- Manor Farm

Grid E
- Lodge
- Five Lane End
- Weston Mark
- Weston Mark Cottages
- Weston Patrick Ho.
- Manor Farm
- The Old Rectory
- Weston Patrick
- Weston Lane

Left side
- Hack...town
- ...k Kiln ...pse
- Priest Wood
- Tytherlands
- Three Longridden
- Smallhill Clump
- Hummock Clump
- Guy's Copse
- Hackwood Park
- Herriard Park

Grid refs: 50, 49, 48, 47

← 21
14 ↑

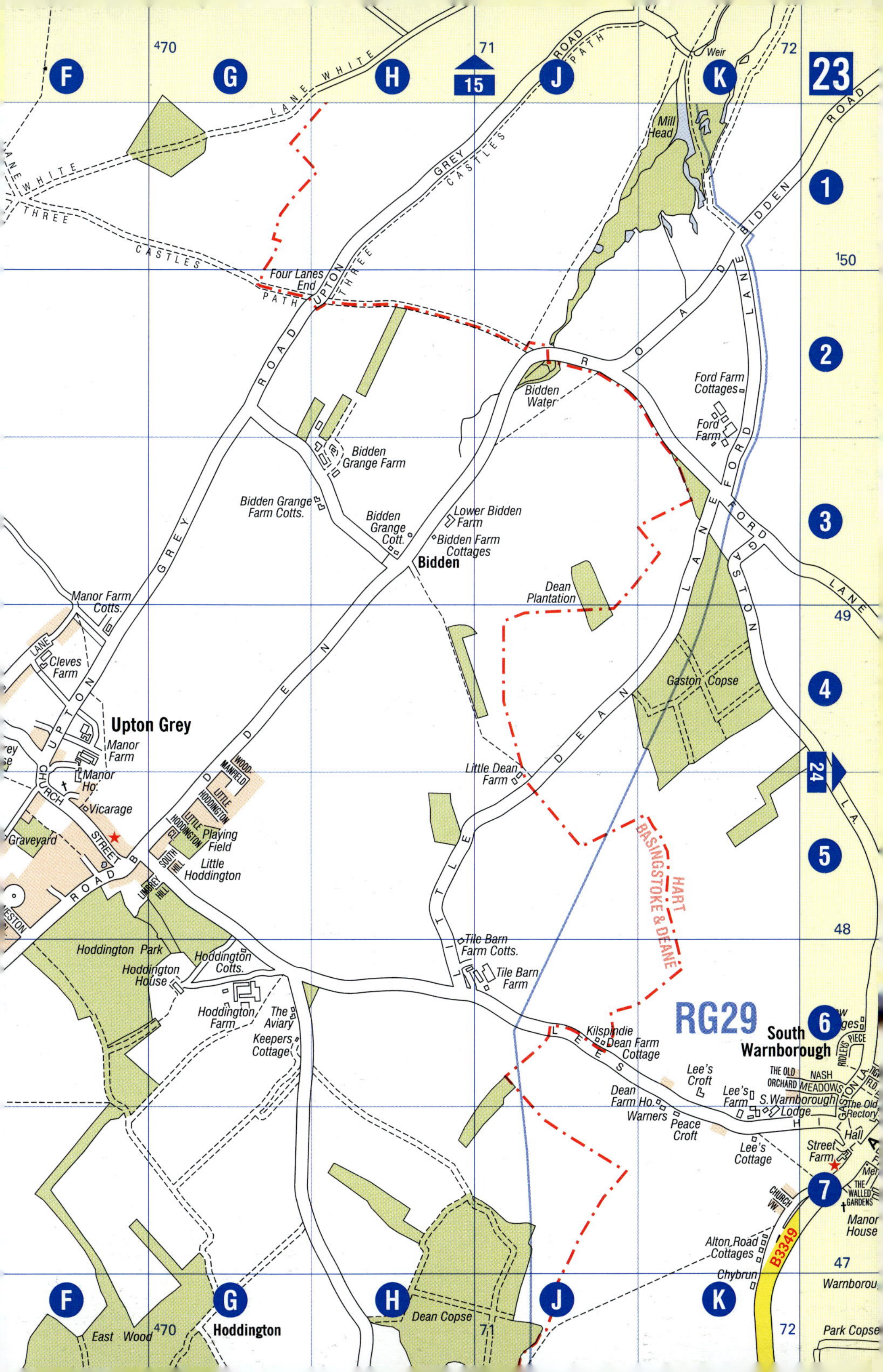
F
G
H
J
K
470
71
72
15
24
1
2
3
4
5
6
7
150
49
48
47
Upton Grey
Bidden
South Warnborough
Hoddington
RG29
HART
BASINGSTOKE & DEANE
B3349
Four Lanes End
Mill Head
Weir
Bidden Water
Ford Farm Cottages
Ford Farm
Bidden Grange Farm
Bidden Grange Farm Cotts.
Bidden Grange Cott.
Lower Bidden Farm
Bidden Farm Cottages
Dean Plantation
Gaston Copse
Manor Farm Cotts.
Cleves Farm
Manor Farm
Manor Ho.
Vicarage
Graveyard
Playing Field
Little Hoddington
Little Dean Farm
Hoddington Park
Hoddington House
Hoddington Cotts.
Hoddington Farm
The Aviary
Keepers Cottage
Tile Barn Farm Cotts.
Tile Barn Farm
Kilspindie
Dean Farm Cottage
Dean Farm Ho.
Warners
Peace Croft
Lee's Croft
Lee's Farm
S. Warnborough Lodge
Lee's Cottage
Street Farm
The Old Rectory
Hall
Manor House
THE WALLED GARDENS
Alton Road Cottages
Chybrun
Dean Copse
East Wood
Park Copse
Warnborou
THREE CASTLES PATH
LANE WHITE
GREY ROAD
UPTON GREY ROAD
BIDDEN ROAD
FORD LANE
GASTON LANE
DEAN LANE
LITTLE DEAN LANE
LEES HILL
UPTON LANE
CHURCH STREET
WOOD MANFIELD
LITTLE HODDINGTON
HODDINGTON CL.
SOUTH HILL
LIMBREY HILL
THE OLD ORCHARD
NASH MEADOWS
RIDLEYS PIECE
CHURCH VW.

16
23
A
B
C
D
E
1
2
3
4
5
6
7
72
73
74
50
49
48
47
Chosley Farm
Fairfield
The Firs
Firs House
Clump House
Masts
Mast
Down Farm Cottages
Down Farm
ROYAL AIR FORCE STATION
Sports Ground
Tennis Court
ODIHAM AIRFIELD
Snatchangers Farm
RG29
Four Lanes End
Middlefield Dell
Six Acre Dell
Hayley Copse
Swanshett Coppice
HESTERS COPSE
Wells Hill
Wells Hill Farm
Warnborough Park
Park Copse
South Warnborough
New Cottages
Littlefold
The Old Rectory
Hall
Street Farm
Lee's Farm
Lee's Cottage
S. Warnborough Lodge
Manor House
Park Cotts.
Long Sutton
Manor Fm.
The Old Parsonage
The Old Farm
The Old Vicarage
Graveyard
Hydegate House
Long Sutton C.of E. Prim. Sch.
Sutton Warblington
Playing Field
Lord Wandsworth College
Play. Fld.
Sewage Works
Luryfields Inf. Sch.
Playing Field
HOSP. Play. Fld.
ALTON ROAD
B3349
BIDDEN ROAD
FORD LANE
GASTON LANE
HAYLEY LANE
FIRS LANE
LEES HILL
FROYLE LANE
WOOD HILL LANE
THE COPSE LANE
STREET
HYDE ROAD
WINGATE LANE
KING STREET
LONG SIDE HILL
LOVE LANE
WESSEX AVENUE
WESSEX DR.
WESSEX CR.
CHURCHILL CRES.
CHURCHILL CL.
KERSLEY CRES.
KERSLEY CR.
PITHER RD.
BENWELL CL.
FULBROOK WY.
TEN. CL.
WOOLDRIDGE CRES.
BLAKE CL.
BARBOUR CL.
WYKEHAM COURT
LAFFANS RD.
NASH MEADOWS
THE OLD ORCHARD
RIDLEYS PIECE
POACHERS FIELD
THE WALLED GARDENS
THE OASTS
DEN VERE
HESTERS VIEW
CHAFFERS CL.
Mem.

INDEX

Including Streets, Places & Areas, Hospitals & Hospices, Industrial Estates, Selected Flats & Walkways and Selected Places of Interest.

HOW TO USE THIS INDEX

1. Each street name is followed by its Posttown or Postal Locality and then by its map reference; e.g. Abbey Rd. *B'stoke* . . . .7C **4** is in the Basingstoke Posttown and is to be found in square 7C on page **4**. The page number being shown in bold type.

2. A strict alphabetical order is followed in which Av., Rd., St., etc. (though abbreviated) are read in full and as part of the street name; e.g. Ash Gro. appears after Ashfield but before Ashlea.

3. Streets and a selection of flats and walkways too small to be shown on the maps, appear in the index in *Italics* with the thoroughfare to which it is connected shown in brackets; e.g. *Alexandra Ter. N War* . . . .5C **16** (off Bridge Rd.)

4. Places and areas are shown in the index in blue type and the map reference is to the actual map square in which the town centre or area is located and not to the place name shown on the map; e.g. Andwell 3E **14**

5. An example of a selected place of interest is Milestones Mus. 4A **12**

6. An example of a hospital or hospice is HAMPSHIRE BMI CLINIC 3G **13**

GENERAL ABBREVIATIONS

All : Alley	Ct : Court	Lit : Little	Rd : Road
App : Approach	Cres : Crescent	Lwr : Lower	Shop : Shopping
Arc : Arcade	Cft : Croft	Mc : Mac	S : South
Av : Avenue	Dri : Drive	Mnr : Manor	Sq : Square
Bk : Back	E : East	Mans : Mansions	Sta : Station
Boulevd : Boulevard	Embkmt : Embankment	Mkt : Market	St : Street
Bri : Bridge	Est : Estate	Mdw : Meadow	Ter : Terrace
B'way : Broadway	Fld : Field	M : Mews	Trad : Trading
Bldgs : Buildings	Gdns : Gardens	Mt : Mount	Up : Upper
Bus : Business	Gth : Garth	Mus : Museum	Va : Vale
Cvn : Caravan	Ga : Gate	N : North	Vw : View
Cen : Centre	Gt : Great	Pal : Palace	Vs : Villas
Chu : Church	Grn : Green	Pde : Parade	Vis : Visitors
Chyd : Churchyard	Gro : Grove	Pk : Park	Wlk : Walk
Circ : Circle	Ho : House	Pas : Passage	W : West
Cir : Circus	Ind : Industrial	Pl : Place	Yd : Yard
Clo : Close	Info : Information	Quad : Quadrant	
Comn : Common	Junct : Junction	Res : Residential	
Cotts : Cottages	La : Lane	Ri : Rise	

POSTTOWN AND POSTAL LOCALITY ABBREVIATIONS

And : Andwell	*H Wesp* : Hartley Wespall	*Nat S* : Nately Scures	*S Warn* : South Warnborough
B'stoke : Basingstoke	*H Wint* : Hartley Wintney	*Newn* : Newnham	*Tun* : Tunstall
Baug : Baughurst	*Hat W* : Hatch Warren	*N War* : North Warnborough	*Up Nat* : Up Nately
Brmly : Bramley	*Hook* : Hook	*Okly* : Oakley	*Up Wn* : Upper Wootton
Ch All : Charter Alley	*Hook C* : Hook Common	*Odi* : Odiham	*Upt G* : Upton Grey
Chine : Chineham	*Kemp* : Kempshott	*Old B* : Old Basing	*W'slde* : Winslade
Clid : Cliddesden	*Long S* : Long Sutton	*Ramsd* : Ramsdell	*Winch* : Winchfield
Dog : Dogmersfield	*Lych* : Lychpit	*Roth* : Rotherfield	*Woot L* : Wootton St Lawrence
Dum : Dummer	*Map* : Mapledurwell	*R'wick* : Rotherwick	*Wort* : Worting
Far W : Farleigh Wallop	*Matt* : Mattingley	*Sher J* : Sherborne St John	
Grey : Greywell	*Monk S* : Monk Sherborne	*Sher L* : Sherfield-on-Loddon	

A

Abbey Ct. *B'stoke* 7C **4**
Abbey Rd. *B'stoke* 7C **4**
Abbott Clo. *B'stoke* 7J **11**
Achilles Clo. *Chine* 4H **5**
Acorn Clo. *B'stoke* 4G **13**
Acton Ho. *B'stoke* 5A **12**
Adams Clo. *N War* 6B **16**
Addison Gdns. *Odi* 6E **16**
Adrian Clo. *H Wint* 3K **9**
Aghemund Clo. *Chine* 5G **5**
Ajax Clo. *Chine* 4H **5**
Alanbrooke Clo.
  H Wint 2J **9**
Albert Yd. *B'stoke* 5D **12**
Albion Pl. *H Wint* 2J **9**
Aldermaston Rd.
  Monk S 1K **3**
Aldermaston Rd.
  Sher J & B'stoke 5K **3**
Aldermaston Rd. Roundabout.
  B'stoke 1B **12**

Aldermaston Rd. S.
  B'stoke 2B **12**
Alderney Av. *B'stoke* 3H **19**
Alders Clo. *B'stoke* 4F **13**
Alderwood. *Chine* 5H **5**
Alderwood Dri. *Hook* 6B **8**
Aldworth Cres. *B'stoke* 5A **12**
Alencon Link. *B'stoke* 4C **12**
Alexandra Rd. *B'stoke* 4B **12**
Alexandra Ter. N War 5C **16**
  (off Bridge Rd.)
Allen Clo. *B'stoke* 6B **12**
Allenmoor La. *Roth* 1J **7**
Alley La. *W'slde* 7E **20**
Alliston Way. *B'stoke* 6H **11**
Allnutt Av. *B'stoke* 4E **12**
Almond Clo. *Old B* 3J **13**
Alpine Ct. *B'stoke* 6G **11**
Alton Rd. *S Warn* 7A **24**
Alton Rd. *B'stoke & W'slde*
  . . . . .1E **20**
Amazon Clo. *B'stoke* 5B **12**
Amport Clo. *Lych* 1J **13**
Anchor Dri. *B'stoke* 5D **12**

Andover Rd. *Okly* 6A **10**
Andrew Clo. *N War* 6B **16**
Andwell. 3E **14**
Andwell Drove.
  And & Map 4E **14**
Andwell La. *And* 4E **14**
Angel Meadows. *Odi* 6E **16**
Anglers Pl. *B'stoke* 4F **13**
Anglesey Clo. *B'stoke* 6E **4**
Anstey Clo. *B'stoke* 7C **12**
Antar Clo. *B'stoke* 5B **12**
Anton Clo. *Okly* 1B **18**
Antrim Clo. *B'stoke* 6H **11**
Anvil Theatre. 4D **12**
Applegarth Clo. *B'stoke* 6E **12**
Appletree Clo. *Okly* 2B **18**
Appletree Mead. *Hook* 7C **8**
Apple Way. *Old B* 4K **13**
Arcadia Clo. *Hat W* 6G **19**
Archery Fields. *Odi* 6F **17**
Arlott Dri. *B'stoke* 2D **12**
Armstrong Rd. *B'stoke* 2G **13**
Arne Clo. *B'stoke* 3K **19**
Arran Clo. *Okly* 7A **10**

Arrow La. *H Wint* 2H **9**
Arun Ct. *B'stoke* 4F **13**
Arundel Gdns. *B'stoke* 2J **11**
Ascension Clo. *B'stoke* 7F **5**
Ashe Clo. *Woot L* 2F **11**
Ashfield. *Chine* 5H **5**
Ash Gro. *Old B* 3A **14**
Ashlea. *Hook* 6B **8**
Ashley Lodge. *B'stoke* 6C **12**
  (off Frescade Cres.)
Ashmoor La. *Old B* 3B **14**
Ash Tree Clo. *Okly* 2A **18**
Ashwood. *Chine* 6G **5**
Ashwood Way. *B'stoke* 2K **11**
Ashwood Way Roundabout.
  B'stoke 2K **11**
Aspen Gdns. *Hook* 6B **8**
Aster Rd. *B'stoke* 3G **19**
Attwood Clo. *B'stoke* 5B **12**
Attwood Clo. Mobile Home Pk.
  B'stoke 5B **12**
Augustus Dri. *B'stoke* 2J **11**
Auklet Clo. *B'stoke* 3F **19**
Austen Gro. *B'stoke* 7A **12**

A-Z Basingstoke 25

Avenue, The—Churchill Av.

Avenue, The. *Far W*	7K 19
Avenue, The. *B'stoke*	2G 21
Aviary Ct. *B'stoke*	1G 13
Aviemore Dri. *Okly*	1A 18
Avon Rd. *Okly*	1B 18
Avon Wlk. *B'stoke*	4F 13
Ayliffe Ho. *B'stoke*	5K 11
Aylings Clo. *B'stoke*	4H 11
Aylwin Clo. *B'stoke*	7C 12

B

Bach Clo. *B'stoke*	3K 19
Badgers Bank. *Lych*	1H 13
Bagwell La. *Odi & Winch*	4G 17
Baird Av. *B'stoke*	7A 12
Ballard Clo. *B'stoke*	6J 11
Balmoral Ct. *B'stoke*	6J 11
Balmoral Way. *B'stoke*	4G 19
Balsan Clo. *B'stoke*	1K 11
Band Hall Pl. *Hook*	7B 8
Barbel Av. *B'stoke*	4G 13
Barbour Clo. *Odi*	2C 24
Bardwell Clo. *B'stoke*	5J 11
Baredown, The. *Nat S*	2H 15
Barn La. *Okly*	2A 18
Barnwells Ct. *H Wint*	1K 9
Barra Clo. *Okly*	7A 10
Barrett Ct. *B'stoke*	7E 12
Barron Pl. *B'stoke*	1H 11
Barry Way. *B'stoke*	3K 19
Bartley Way. *Hook*	1C 16
Bartley Wood Bus. Pk. E. *Hook*	1C 16
Bartley Wood Bus. Pk. W. *Hook*	1B 16
Bartok Clo. *B'stoke*	1A 20
Barton's Ct. *Odi*	6D 16
Barton's La. *Old B*	2H 13
(in three parts)	
Basingfield Clo. *Old B*	5K 13
Basing House.	**3J 13**
Basing Rd. *Old B*	3G 13
Basingstoke.	**4B 12**
Basingstoke Bus. Cen. *B'stoke*	7A 12
Basingstoke Cricket Club.	**5C 12**
Basingstoke Enterprise Cen. *B'stoke*	5H 11
Basingstoke Golf Club.	**5F 19**
Basingstoke Ice Rink.	**4J 11**
Basingstoke Rd. *Ramsd*	1E 2
Basing Vw. *B'stoke*	4E 12
Batchelor Dri. *Old B*	4A 14
Battledown Cotts. *Okly*	1E 18
Baughurst Rd. *Ramsd*	1D 2
Baynard Clo. *B'stoke*	2E 12
Beach Piece Way. *B'stoke*	3H 19
Beaconsfield Rd. *B'stoke*	5D 12
Beal's Pightle. *Ch All*	1F 3
Bear Ct. *B'stoke*	2H 13
Beauclerk Grn. *Winch*	7J 9
Beaulieu Ct. *B'stoke*	4F 13
(off Loddon Dri.)	
Beckett Clo. *B'stoke*	4G 11
Beckett Ct. *Wort*	5G 11
Beddington Ct. *Lych*	1J 13
Bedford Wlk. *B'stoke*	4D 12
(off Festival Pl.)	
Beecham Berry. *B'stoke*	3K 19
Beechcrest Vw. *Hook*	6B 8
Beechdown Ho. *B'stoke*	1J 19
Beech Dri. *Chine*	5J 5
Beeches, The. *Hat W*	4J 19
Beech Tree Clo. *Okly*	2A 18
Beech Way. *B'stoke*	2J 11
Beechwood. *Chine*	5G 5
Beechwood Clo. *B'stoke*	4J 19
Beethoven Rd. *B'stoke*	2A 20
Begonia Clo. *B'stoke*	3G 19
Belfry Sq. *Hat W*	5G 19
Belgrave M. *H Wint*	2K 9
Belle Vue Rd. *Old B*	3K 13
Bell Mdw. Rd. *Hook*	7B 8
Bell Rd. *B'stoke*	2G 13
Belmont Heights. *Hat W*	5J 19
Belvedere Gdns. *Chine*	4J 5
Benford Ct. *Odi*	7E 16
(off Buryfields)	
Bennet Clo. *B'stoke*	2E 12
Benwell Clo. *Odi*	2C 24
Beresford Cen., The. *B'stoke*	1G 13
Berewyk Clo. *B'stoke*	3G 19
Berkeley Dri. *B'stoke*	2B 20
Berk Ho. *B'stoke*	3F 13
Bermuda Clo. *B'stoke*	6E 4
Bernstein Rd. *B'stoke*	3J 19
Berry Ct. *Hook*	1A 16
Berwyn Rd. *B'stoke*	6G 11
Bessemer Rd. *B'stoke*	7B 12
Beverley Clo. *B'stoke*	1D 20
Bexmoor. *Old B*	3J 13
Bexmoor Way. *Old B*	3J 13
Bidden.	**3H 23**
Bidden Rd. *Upt G & N War*	5F 23
Bilton Ind. Est. *B'stoke*	7G 5
Bilton Rd. *B'stoke*	7G 5
Binfields Clo. *Chine*	7H 5
Binfields Farm La. *Chine*	7H 5
Binfields Roundabout. *Lych*	6H 5
Bingley Clo. *B'stoke*	2E 12
Birches Crest. *Hat W*	4K 19
Birch Gro. *Hook*	6B 8
Birchwood. *Chine*	5H 5
Bittern Clo. *B'stoke*	2F 19
Blackberry Wlk. *Lych*	2G 13
Blackbird Clo. *B'stoke*	2F 19
Black Dam.	**6F 13**
Black Dam Cen. *B'stoke*	6F 13
Blackdam Nature Reserve.	**5H 13**
Black Dam Roundabout. *B'stoke*	5G 13
Black Dam Way. *B'stoke*	6F 13
Blackdown Clo. *B'stoke*	6H 11
Blackstocks La. *Nat S*	4F 15
Blackthorn Way. *B'stoke*	3J 11
Blackwater Clo. *Okly*	1B 18
Blackwater Clo. *B'stoke*	4E 12
Blaegrove La. *Up Nat*	5F 15
Blair Rd. *B'stoke*	6C 12
Blake Clo. *Odi*	2C 24
Blenheim Rd. *Old B*	4A 14
Bliss Clo. *B'stoke*	1A 20
Bluehaven Wlk. *Hook*	7K 7
Blunden Clo. *B'stoke*	1C 20
Bodmin Clo. *B'stoke*	6H 11
Bolton Cres. *B'stoke*	6A 12
Bond Clo. *B'stoke*	1G 13
Boon Way. *Okly*	7A 10
Borodin Clo. *B'stoke*	2B 20
Borough Ct. Rd. *H Wint*	5E 8
Botley La. *Matt*	1B 8
Bounty Ri. *B'stoke*	5C 12
Bounty Rd. *B'stoke*	5C 12
Bourne Ct. *B'stoke*	4F 13
Bourne Fld. *Sher J*	4A 4
Bow Fld. *Hook*	7C 8
Bowling Grn. Dri. *Hook*	7K 7
Bowman Rd. *Chine*	4H 5
Bowyer Clo. *B'stoke*	5C 12
Boyce Clo. *B'stoke*	2J 19
Bracken Bank. *Lych*	1H 13
Brackens, The. *B'stoke*	4J 19
Brackley Av. *H Wint*	2H 9
Brackley Way. *B'stoke*	1J 19
Bramble La. *H Wint*	1H 9
Braemar Dri. *Okly*	7A 10
Brahms Rd. *B'stoke*	2A 20
Braine L'Alleud Rd. *B'stoke*	3D 12
Bramble Way. *Old B*	3A 14
Brambling Clo. *B'stoke*	3F 19
Bramblys Clo. *B'stoke*	5C 12
Bramblys Dri. *B'stoke*	5C 12
Bramdown Heights. *B'stoke*	4H 19
Bramley Rd. *Brmly*	1E 4
Brampton Gdns. *Hat W*	5J 19
Bramshott Dri. *Hook*	7B 8
Branton Clo. *B'stoke*	6J 11
Breadels Fld. *Hat W*	6G 19
Brewer Clo. *B'stoke*	6J 11
Brewhouse La. *H Wint*	2K 9
Brickfields Clo. *Lych*	1H 13
Bridge Rd. *N War*	5C 16
Brighton Hill.	**2J 19**
Brighton Hill Cen. *B'stoke*	2K 19
Brighton Hill Pde. *B'stoke*	2K 19
Brighton Hill Retail Pk. *B'stoke*	7A 12
Brighton Hill Roundabout. *B'stoke*	7A 12
Brighton Way. *B'stoke*	2K 19
Britannia Dri. *Hat W*	6G 19
Britten Rd. *B'stoke*	1A 20
Broadhurst Gro. *Lych*	2H 13
Broad Leaze. *Hook*	6A 8
Broadmere.	**6A 20**
Broadmere. *Far W*	7A 20
Broad Oak.	**5G 17**
Broad Oak La. *Odi*	6G 17
Broad Wlk. *B'stoke*	2G 21
Brocas Dri. *B'stoke*	2E 12
Bronze Clo. *Hat W*	6G 19
Brookfield Clo. *Chine*	5J 5
Brookvale Clo. *B'stoke*	4C 12
Brown Cft. *Hook*	7K 7
Browning Clo. *B'stoke*	1E 12
Brunel Rd. *B'stoke*	3A 12
Brunswick Pl. *B'stoke*	1B 20
Buckby La. *B'stoke*	4F 13
Buckfast Clo. *B'stoke*	7C 4
Buckingham Ct. *B'stoke*	2G 19
Buckingham Pde. *B'stoke*	1G 19
Buckland Av. *B'stoke*	1K 19
Buckland Pde. *B'stoke*	7K 11
Buckskin.	**6J 11**
Buckskin La. *B'stoke*	7G 11
Budd's Clo. *B'stoke*	5C 12
Buffins Corner. *Odi*	7C 16
Buffins Rd. *Odi*	7C 16
Bunnian Pl. *B'stoke*	3D 12
Bunting M. *B'stoke*	3F 19
Burgess Clo. *Odi*	7C 16
Burgess Rd. *B'stoke*	3C 12
Burnaby Clo. *B'stoke*	6J 11
Burns Clo. *B'stoke*	1E 12
Burrowfields. *B'stoke*	5H 19
Burton's Gdns. *Old B*	2K 13
Buryfields. *Odi*	7E 16
Bury Rd. *B'stoke*	3K 11
Bury, The.	**7E 16**
Bury, The. *Odi*	6E 16
Butler Clo. *B'stoke*	5J 11
Buttermere Dri. *B'stoke*	1G 19
Butts Mdw. *Hook*	7A 8
Butty, The. *B'stoke*	4F 13
Byfleet Av. *Old B*	3K 13
Byrd Gdns. *B'stoke*	3J 19
Byron Clo. *B'stoke*	7F 5

C

Cadnam Clo. *Okly*	7B 10
Caernarvon Clo. *B'stoke*	4J 11
Caesar Clo. *B'stoke*	2J 11
Cairngorm Clo. *B'stoke*	5H 11
Caithness Clo. *Okly*	1A 18
Calleva Clo. *B'stoke*	3H 19
Camberly Clo. *B'stoke*	6E 12
Cambrian Way. *B'stoke*	6H 11
Camfield Clo. *B'stoke*	6E 12
Camford Clo. *B'stoke*	6G 19
Camlea Clo. *B'stoke*	6E 12
Campion Way. *H Wint*	1K 9
Campsie Clo. *B'stoke*	5H 11
Camrose Way. *B'stoke*	7E 12
Cam Wlk. *B'stoke*	4F 13
Camwood Clo. *B'stoke*	6E 12
Canal Clo. *N War*	5C 16
Canberra Way. *Hat W*	6G 19
Cannock Clo. *B'stoke*	5J 11
Canterbury Clo. *B'stoke*	2H 19
Carbonel Clo. *B'stoke*	4G 11
Carisbrooke Clo. *B'stoke*	3J 11
Carleton Clo. *Hook*	7K 7
Carlisle Clo. *B'stoke*	3J 11
Carmichael Way. *B'stoke*	2J 19
Carpenters Ct. *B'stoke*	7K 11
Carpenter's Down. *B'stoke*	7D 4
Cartel Units. *B'stoke*	1G 13
Castle Ri. *N War*	5C 16
Castle Rd. *B'stoke*	6D 12
Castle Sq. *B'stoke*	4D 12
Caston's Wlk. *B'stoke*	5D 12
Caston's Yd. *B'stoke*	5D 12
Catkin Clo. *Chine*	5H 5
Causeway Cotts. *H Wint*	2K 9
Cavalier Clo. *Old B*	3A 14
Cavalier Rd. *Old B*	3A 14
Cavel Ct. *B'stoke*	1J 13
Cayman Clo. *B'stoke*	7F 5
Cedar Ter. *H Wint*	3H 9
Cedar Tree Clo. *Okly*	2A 18
Cedar Way. *B'stoke*	2K 11
Cedarwood. *Chine*	5F 5
Cemetery Hill. *Odi*	7E 16
Centre Dri. *Chine*	7H 5
Centurion Way. *B'stoke*	3H 19
(in two parts)	
Chaffers Clo. *Long S*	7D 24
Chaffinch Clo. *B'stoke*	2G 19
Chaldon Grn. *Lych*	1J 13
Chalk Va. *Old B*	4A 14
Chalky Copse. *Hook*	6A 8
Chalky La. *Dog*	7K 17
Challis Clo. *B'stoke*	7J 11
Challoner Clo. *B'stoke*	6J 11
Chandler Rd. *B'stoke*	7C 12
Chantry Clo. *Hook*	1A 16
Chantry M. *B'stoke*	3H 19
Chapel Clo. *Old B*	2K 13
Chapel Hill. *B'stoke*	3C 12
Chapel Pond Dri. *N War*	6C 16
Chapel Row. *H Wint*	1K 9
Chapter Ter. *H Wint*	1K 9
Charles Clo. *Hook*	7A 8
Charles Richards Clo. *B'stoke*	6C 12
Charles St. *B'stoke*	5K 11
Charnwood Clo. *B'stoke*	6H 11
Charter Alley.	**1F 3**
Chatsworth Grn. *Hat W*	4J 19
Chaucer Clo. *B'stoke*	7E 4
Chelmer Ct. *B'stoke*	4F 13
(off Loddon Dri.)	
Chelsea Ho. *B'stoke*	4D 12
(off Festival Pl.)	
Chequers Rd. *B'stoke*	4E 12
Cherry Clo. *Hook*	6B 8
Cherry Tree Wlk. *B'stoke*	1E 12
Cherrywood. *Chine*	5G 5
Chesterfield Rd. *B'stoke*	6E 12
Chester Pl. *B'stoke*	5C 12
Chestnut Bank. *Old B*	2K 13
Cheviot Clo. *B'stoke*	6H 11
Chichester Pl. *B'stoke*	7A 12
Chiltern Way. *B'stoke*	6G 11
Chilton Ridge. *Hat W*	5H 19
Chineham.	**6H 5**
Chineham Bus. Pk. *Chine*	4G 5
Chineham District Cen. *Chine*	7H 5
Chineham La. *B'stoke*	1E 12
Chineham La. *Sher J*	6B 4
Chineham Pk. Ct. *B'stoke*	1F 13
Chivers Clo. *B'stoke*	6H 11
Chopin Rd. *B'stoke*	2K 19
Church End.	**2A 6**
Churchill Av. *Odi*	1D 24

26 A-Z Basingstoke

Churchill Clo.—Geffery's Ho.

Churchill Clo. *H Wint*	1H 9
Churchill Clo. *Odi*	2D 24
Churchill Plaza. *B'stoke*	4E 12
Churchill Way. *B'stoke*	4D 12
Churchill Way E. *B'stoke*	4E 12
Churchill Way W. *B'stoke*	4K 11
Church La. *Clid*	3C 20
Church La. *Old B*	3K 13
Church La. *Wort*	5G 11
Church La. *H Wint*	4D 12
Church La. *H Wint*	4K 9
Church Path. *Sher J*	4A 4
Church Path. *Hook*	1K 15
Church Path. *Newn*	7G 7
Church Sq. *B'stoke*	4D 12
Church St. *Upt G*	5F 23
Church St. *B'stoke*	4D 12
(in two parts)	
Church St. *Odi*	6D 16
(in two parts)	
Church Vw. *S Warn*	7K 23
Church Vw. *H Wint*	4J 9
Church Vw. *Hook*	7B 8
Churn Clo. *Old B*	2K 13
Chute Ho. *B'stoke*	4D 12
(off Church St.)	
Cibbons Rd. *Chine*	5H 5
City Wall Ho. *B'stoke*	3F 13
Claudius Dri. *B'stoke*	2J 11
Claythorpe Rd. *B'stoke*	6J 11
Clayton Clo. *H Wint*	3J 9
Cleaver Rd. *B'stoke*	6J 11
Clere Gdns. *Chine*	6H 5
Clevedge Way. *N War*	5C 16
Cleveland Clo. *B'stoke*	6H 11
Cleves La. *Upt G*	4F 23
Cliddesden.	**3C 20**
Cliddesden Ct. *B'stoke*	7D 12
Cliddesden La. *B'stoke*	5H 19
Cliddesden Rd. *Clid*	3C 20
Cliddesden Rd. *B'stoke*	7D 12
Clifton Ter. *B'stoke*	3D 12
Clifton Wlk. *B'stoke*	4D 12
(off Festival Pl.)	
Close, The. *B'stoke*	2K 11
Close, The. *Monk S*	2H 3
Close, The. *Odi*	7D 16
Clover Fld. *Lych*	2H 13
Clover Leaf Way. *Old B*	5K 13
Coates Rd. *B'stoke*	1B 20
Cobbett Grn. *B'stoke*	7A 12
Cold Harbour Cotts. *Clid*	3B 20
Coleman La. *B'stoke*	2E 12
College Rd. *B'stoke*	4B 12
Colne Way. *B'stoke*	4F 13
Colt Hill.	**5F 17**
Coltsfoot Pl. *Hook*	6C 8
Columbine Rd. *B'stoke*	3G 19
Colyer Clo. *B'stoke*	6J 11
Compass Fld. *Hook*	7B 8
Compton Rd. *Hook*	7B 8
Coniston Rd. *B'stoke*	1G 19
Constable Clo. *B'stoke*	6F 11
Constantine Way. *B'stoke*	4G 19
Coombehurst Dri. *B'stoke*	7D 12
Coop La. *And*	3E 14
Copland Clo. *B'stoke*	2J 19
Coppice M. *B'stoke*	3J 11
Copse Cvn. Site, The. *Dum*	7D 12
Copse Fld. *Lych*	1J 13
Copse La. *Long S*	7D 24
Copse Vw. Clo. *Chine*	5H 5
Cordale Rd. *B'stoke*	6C 12
Corelli Rd. *B'stoke*	2B 20
Corfe Wlk. *B'stoke*	3J 11
Corinthian Clo. *B'stoke*	3H 19
Cormorant Clo. *B'stoke*	2F 19
Cornfields, The. *Hat W*	3J 19
Cornish Clo. *B'stoke*	6J 11
Coronation Clo. *Odi*	6E 16
Coronation Cotts. *Woot L*	2E 10
Coronation Rd. *B'stoke*	3E 12
Cotswold Clo. *B'stoke*	5H 11
Cottage Grn. *H Wint*	3K 9
Cottle Clo. *B'stoke*	7C 12
Council Rd. *B'stoke*	5D 12
Coventry Clo. *B'stoke*	2H 19
Cowdery Heights. *Old B*	3G 13
Cowfold La. *R'wick*	2A 8
Cowslip Bank. *Lych*	1H 13
Crabtree Way. *Old B*	5K 13
Cranbourne.	**7C 12**
Cranbourne Ct. *B'stoke*	7C 12
Cranbourne La. *B'stoke*	1B 20
Cranesfield. *Sher J*	4K 3
Cranes Rd. *Sher J*	4K 3
Cricket Grn. *H Wint*	2K 9
Cricket Grn. La. *H Wint*	2K 9
Crockford La. *Chine*	7F 5
Crofters Mdw. *Lych*	1H 13
Croft Rd. *Okly*	7A 10
Croft Rd. *H Wint*	4H 9
Crofts, The. *Hat W*	4J 19
Cromwell Clo. *Old B*	3K 13
Cromwell Rd. *B'stoke*	3C 12
Cropmark Way. *B'stoke*	3H 19
Crossborough Gdns. *B'stoke*	5E 12
Crossborough Hill. *B'stoke*	5E 12
Cross St. *B'stoke*	5D 12
Crown Cres. *Old B*	3J 13
Crownfields. *Odi*	7D 16
Crown La. *Old B*	3J 13
Crown La. *Newn*	2F 15
Cufaude.	**1F 5**
Cufaude La. *Chine*	4H 5
Cufaude La. *Brmly*	1F 5
Cuffelle Clo. *Chine*	5J 5
Culver Rd. *B'stoke*	6C 12
Cumberland Av. *B'stoke*	1A 20
Curlew Clo. *B'stoke*	1G 13
Cyprus Rd. *Hat W*	5J 19

D

Daffodil Clo. *B'stoke*	2G 19
Dahlia Clo. *B'stoke*	2H 19
Dairy Wlk. *H Wint*	2K 9
Dalewood. *B'stoke*	7G 11
Damsel Path. *B'stoke*	4F 13
Dancers Mdw. *Sher J*	5B 4
Danebury Rd. *Hat W*	4H 19
Daneshill.	**1G 13**
Daneshill Ct. *Chine*	7H 5
Daneshill Dri. *Lych*	1H 13
Daneshill E. Ind. Est. *B'stoke*	2G 13
Daneshill Ho. *Chine*	1H 13
Daneshill Ind. Est. *B'stoke*	2G 13
Daneshill Roundabout. *B'stoke*	1G 13
Danes, The. *B'stoke*	4E 12
Dankworth Rd. *B'stoke*	2J 19
(in three parts)	
Darcy Clo. *B'stoke*	2E 12
D'arcy Ho. *B'stoke*	6J 11
Darent Ct. *B'stoke*	4F 13
(off Loddon Dri.)	
Dark La. *Sher J*	5A 4
Darlington Rd. *B'stoke*	2C 12
Dartmouth Wlk. *B'stoke*	6J 11
Dartmouth Way. *B'stoke*	6J 11
Davy Clo. *B'stoke*	5A 12
Deanes Rd. *B'stoke*	3E 12
Deep La. *B'stoke*	4B 12
Deer Pk. Vw. *Odi*	6E 16
De La Rue Ho. *B'stoke*	3F 13
Delibes Rd. *B'stoke*	2B 20
Delius Rd. *B'stoke*	1A 20
Dellfield. *B'stoke*	6B 10
Dell, The. *Old B*	4A 14
Denham Dri. *B'stoke*	7J 11
Deptford La. *Grey*	6K 15
Derbyfields. *N War*	3C 16
Derwent Rd. *B'stoke*	1G 19
Dever Way. *Okly*	1B 18
Devonshire Pl. *B'stoke*	5C 12
Dewpond Wlk. *Lych*	1H 13
Diana Clo. *B'stoke*	6A 12
Dibley Clo. *B'stoke*	6J 11
Dicken's La. *Old B*	7H 13
(in two parts)	
Dilly La. *H Wint*	4J 9
Dipley.	**1E 8**
Dipley Rd. *H Wint*	1C 8
Dixon Rd. *Brmly & Sher L*	1K 5
Dominica Clo. *B'stoke*	6E 4
Domitian Gdns. *B'stoke*	1J 11
Dorchester Clo. *B'stoke*	4H 11
Dorchester Rd. *Hook*	7A 8
Dorchester Way. *Grey*	5A 16
Dorrel Clo. *B'stoke*	4H 19
Doswell Way. *B'stoke*	3E 12
Dove Clo. *B'stoke*	1F 19
Dover Clo. *B'stoke*	3K 11
Down La. *Map*	6D 14
Downsland Ct. *B'stoke*	5B 12
(off Downsland Pde.)	
Downsland Pde. *B'stoke*	5B 12
Downsland Rd. *B'stoke*	5B 12
(in two parts)	
Dragonfly Dri. *Lych*	1H 13
Driftway Rd. *Hook*	7C 8
Drive, The. *Okly*	1B 18
Dryden Clo. *B'stoke*	7E 4
Duddon Way. *B'stoke*	3K 11
Dudley Clo. *B'stoke*	4H 11
Dunley's Hill. *N War & Odi*	6C 16
Dunsford Cres. *B'stoke*	2J 11
Durham Way. *B'stoke*	2H 19

E

Eagle Clo. *B'stoke*	2F 19
Eagle Ct. *B'stoke*	3H 13
Eastfield Av. *B'stoke*	4E 12
East Oakley.	**1C 18**
Eastrop.	**4F 13**
Eastrop La. *B'stoke*	4E 12
Eastrop Roundabout. *B'stoke*	4E 12
Eastrop Way. *B'stoke*	4E 12
Edgehill Clo. *B'stoke*	6H 11
Edison Rd. *B'stoke*	2A 12
Elbow Corner. *B'stoke*	4D 12
Elderberry Bank. *Lych*	1H 13
Elderwood. *Chine*	5G 5
Elgar Clo. *B'stoke*	2A 20
Elizabeth Rd. *B'stoke*	6A 12
Ellington Dri. *B'stoke*	3J 19
Elm Rd. *Sher J*	6K 3
Elms Rd. *Hook*	6A 8
Elmwood. *Chine*	4F 5
Elmwood Pde. *B'stoke*	2J 11
Elmwood Way. *B'stoke*	2J 11
English Wood. *B'stoke*	2J 11
Ennerdale Clo. *B'stoke*	7H 11
Enterprise Ct. *B'stoke*	2F 13
Esher Clo. *B'stoke*	1K 19
Essex Rd. *B'stoke*	4C 12
Eton Clo. *B'stoke*	4G 19
Euskirchen Way. *B'stoke*	4J 11
Evans Ho. *B'stoke*	2A 12
Evesham Wlk. *B'stoke*	7D 4
Ewhurst Rd. *Ramsd*	4A 2
Exeter Clo. *B'stoke*	3H 19
Exmoor Clo. *B'stoke*	6H 11

F

Fabian Clo. *B'stoke*	5C 12
Fairfields Arts Cen.	**5D 12**
Fairfields Rd. *B'stoke*	6D 12
Fairholme Pde. *Hook*	7A 8
Fairthorne Ho. *B'stoke*	6A 12
Fairthorne Ri. *Old B*	4A 14
Fairview Mdw. *Okly*	2B 18
Falcon Clo. *B'stoke*	1F 19
Falkland Rd. *B'stoke*	6E 4
Fanum Ho. *B'stoke*	3F 13
Faraday Ct. *B'stoke*	1F 13
Faraday Rd. *B'stoke*	1F 13
Farleigh La. *Dum*	7H 19
Farleigh Ri. *B'stoke*	7E 12
Farleigh Rd. *Clid*	7K 19
Farleigh Wallop.	**7A 20**
Farm Cotts. *B'stoke*	1K 11
Farm Ground Clo. *Hook*	7C 8
Farm Vw. Dri. *Chine*	5J 5
Farnham Rd. *Odi*	6E 16
Faroe Clo. *B'stoke*	7F 5
Fayrewood Chase. *B'stoke*	3H 19
Feathers La. *B'stoke*	5D 12
Feathers Yd. *B'stoke*	5D 12
Feld Way. *Lych*	1J 13
Fencott Pl. *B'stoke*	3D 12
Fennel Clo. *Chine*	4J 5
Ferguson Clo. *B'stoke*	7D 12
Ferndale Gdns. *Hook*	6A 8
Ferrell Fld. *Hook*	7K 7
Festival Pl. *B'stoke*	4D 12
Firecrest Rd. *B'stoke*	4F 19
Firs La. *Odi*	7C 16
Firs Way. *B'stoke*	2H 11
Fisher Ho. *Chine*	1H 13
Fiske Clo. *B'stoke*	5J 11
Flaxfield Ct. *B'stoke*	4C 12
Flaxfield Rd. *B'stoke*	4C 12
Fleet Rd. *H Wint*	2K 9
Fletcher Clo. *B'stoke*	5B 12
Florence Way. *B'stoke*	1J 11
Ford La. *Upt G*	3K 23
Forest Dri. *Chine*	4H 5
Forsythia Wlk. *B'stoke*	1E 12
Fort Hill Dri. *B'stoke*	3J 11
Forum Clo. *B'stoke*	4H 11
Fosters Bus. Pk. *Hook*	1J 15
Fountains Clo. *B'stoke*	7C 4
Fountain's Mall. *Odi*	6E 16
Four Acre Coppice. *Hook*	6C 8
Four Lanes Clo. *Chine*	5J 5
Foxglove Clo. *B'stoke*	3G 19
Foxhall.	**7J 19**
Fox La. *Okly*	7C 10
Foxmoor Clo. *Okly*	6B 10
Fox's Furlong. *Chine*	4K 5
Foyle Pk. *B'stoke*	7C 12
Frances Rd. *B'stoke*	5C 12
Franklin Av. *H Wint*	1J 9
Fraser Clo. *Old B*	3K 13
Freemantle Rd. *B'stoke*	2F 13
Frescade Cres. *B'stoke*	6C 12
Frithmead Clo. *B'stoke*	7C 12
Frog La. *Map*	4D 14
Frog La. *R'wick*	1H 7
Frome Clo. *Okly*	1C 18
Frome Clo. *B'stoke*	4F 13
Frouds Clo. *Hook*	1K 15
Froyle La. *S Warn*	7A 24
Fulbrook Way. *Odi*	2D 24
Fulmar Clo. *B'stoke*	3F 19
Fuzzy Drove. *B'stoke*	2F 19
Fylingdales Clo. *B'stoke*	5G 11

G

Gage Clo. *Lych*	2H 13
Gainsborough Rd. *B'stoke*	7E 12
Galloway Clo. *B'stoke*	6H 11
Gander Dri. *B'stoke*	1J 11
Gannet Clo. *B'stoke*	2F 19
Garden Clo. *Hook*	7K 7
Gaston La. *S Warn*	4K 23
Gaston's Wood Ind. Est. *B'stoke*	7F 5
Gateway Ho. *B'stoke*	3F 13
Geffery's Fields. *B'stoke*	5E 12
Geffery's Ho. *Hook*	6B 8

A-Z Basingstoke 27

George St.—Lampards Clo.

George St. *B'stoke*	4B 12
Gershwin Ct. *B'stoke*	2K 19
Gershwin Rd. *B'stoke*	2J 19
Gilbard Ct. *Chine*	5J 5
Gilbert Clo. *B'stoke*	7E 4
Gillies Dri. *B'stoke*	1J 11
Glade Clo. *Chine*	6H 5
Glamis Clo. *Okly*	7B 10
Glastonbury Clo. *B'stoke*	1C 12
Glebe La. *Wort*	5G 11
Glebe La. *H Wint*	3K 9
Gleneagles Clo. *Hat W*	5G 19
Gloucester Dri. *B'stoke*	2H 19
Goat La. *B'stoke*	4E 12
Goddards Firs. *Okly*	2C 18
Goddards La. *Sher L*	1A 6
Golden Lion Roundabout. *B'stoke*	7D 12
Goldfinch Gdns. *B'stoke*	4F 19
Goodman Clo. *B'stoke*	5B 12
Goose Grn. *Hook*	6K 7
Goose La. *Hook*	6A 8
Gordon Clo. *B'stoke*	3E 12
Gower Clo. *B'stoke*	2D 12
Gower Cres. *Hook*	7B 8
Gracemere Cres. *B'stoke*	3F 19
Grafton Way. *B'stoke*	5K 11
Grainger Clo. *B'stoke*	1A 20
Grampian Way. *B'stoke*	6H 11
Grange La. *H Wint*	2H 9
Gt. Binfields Cres. *Lych*	1H 13
Gt. Binfields Rd. *Lych*	7H 5
Gt. Oaks Chase. *Chine*	6G 5
Gt. Sheldons Coppice. *Hook*	7K 7
Gt. Western Cotts. *B'stoke*	3D 12
Grebe Clo. *B'stoke*	3F 19
Greenaways, The. *Okly*	7B 10
Greenbirch Clo. *B'stoke*	3F 19
Greenbury Clo. *B'stoke*	4J 11
Green La. *H Wint*	3J 9
Green La. *R'wick*	4J 7
Green, The. *N War*	4B 16
Green Way. *B'stoke*	4J 11
(in two parts)	
Greenwood Dri. *Chine*	4H 5
Gregory Clo. *B'stoke*	2E 12
Gregory Ho. *Hook*	7A 8
Gresley Rd. *B'stoke*	3E 12
Greywell.	7K 15
Greywell Rd. *Map & Upt G*	4B 14
Greywell Rd. *Up Nat*	4F 15
Grieg Clo. *B'stoke*	1A 20
Griffin Way N. *Hook*	5B 8
Griffin Way S. *Hook*	6C 8
Grosvenor Clo. *Hat W*	5H 19
Grosvenor Ho. *B'stoke*	4E 12
Grove Clo. *B'stoke*	6E 12
Grove Rd. *B'stoke*	7D 12
Guernsey Clo. *B'stoke*	6E 4
Guinea Ct. *Chine*	4J 5
Gurney Ct. *Odi*	7D 16

H

Hackwood Cotts. *B'stoke*	7E 12
Hackwood La. *Clid*	4C 20
Hackwood Rd. *B'stoke*	5D 12
Hackwood Rd. Roundabout. *B'stoke*	6E 12
Hadleigh Pl. *B'stoke*	4C 12
Hadrians Way. *B'stoke*	2J 11
Hailstone Rd. *B'stoke*	1D 12
Halliday Clo. *B'stoke*	7C 12
Halls La. *Roth*	1J 7
Hamble Clo. *Okly*	1B 18
Hamble Ct. *B'stoke*	4F 13
Hamelyn Clo. *B'stoke*	5C 12
Hamelyn Rd. *B'stoke*	5C 12
Hamilton Clo. *B'stoke*	2A 12
Hammond Rd. *B'stoke*	6C 12
HAMPSHIRE BMI CLINIC.	3G 19

Hampshire Clo. *B'stoke*	6G 11
Hampshire International Bus. Pk. *Chine*	4G 5
Hampstead Ho. *B'stoke*	4D 12
(off Church St.)	
Hampton Ct. *B'stoke*	3K 11
Handel Clo. *B'stoke*	1A 20
Hanmore Rd. *Chine*	6G 5
Hanover Gdns. *B'stoke*	7C 12
Hardings La. *H Wint*	2K 9
Hardy La. *B'stoke*	5C 12
Harebell Clo. *H Wint*	1K 9
Harebell Gdns. *H Wint*	1K 9
Hare's La. *H Wint*	1K 9
Harefield Clo. *Hook*	7A 8
Harlech Clo. *B'stoke*	4J 11
Harold Jackson Ter. *B'stoke*	5E 12
Harris Hill. *B'stoke*	3H 19
Harrow Way, The. *B'stoke*	1A 20
Hartford Ct. *H Wint*	2K 9
Hartford Rd. *H Wint*	2J 9
Hartford Ter. *H Wint*	2K 9
Hartley M. *H Wint*	1K 9
(off High St.)	
Hartley Wintney.	2J 9
Hartley Wintney Golf Course.	1K 9
Hartswood. *Chine*	6G 5
Harvest Way. *Lych*	2H 13
Hassocks Workshops. *B'stoke*	2G 13
Hastings Clo. *B'stoke*	4H 11
Hatch.	4B 14
Hatch Cvn. Pk. *Old B*	5A 14
Hatch La. *Old B*	3K 13
Hatch Warren.	4H 19
Hatch Warren Cotts. *Hat W*	3J 19
Hatchwarren Gdns. *B'stoke*	3A 20
Hatch Warren La. *B'stoke & Hat W*	3H 19
(in three parts)	
Hatchwarren La. *B'stoke*	3A 20
Hatch Warren Retail Pk. *B'stoke*	4G 19
Hathaway Gdns. *B'stoke*	1F 13
Hawk Clo. *B'stoke*	2F 19
Hawkes Clo. *H Wint*	1J 9
Hawkfield La. *B'stoke*	5C 12
Hawthorn Ri. *Hook*	6B 8
Hawthorn Way. *B'stoke*	3J 11
Haydn Rd. *B'stoke*	2K 19
Hayley La. *Long S*	5B 24
Haymarket Theatre.	5D 12
Hayward Pl. *H Wint*	1K 9
Hazel Clo. *Okly*	1B 18
Hazel Coppice. *Hook*	6B 8
Hazeldene. *Chine*	6H 5
Hazeley Bottom.	1G 9
Hazeley Clo. *H Wint*	1J 9
Hazelwood. *Chine*	4G 5
Hazelwood Clo. *B'stoke*	2K 11
Hazelwood Dri. *B'stoke*	2K 11
Headington Clo. *B'stoke*	2K 19
Heather Gro. *H Wint*	1J 9
Heather La. *Up Nat*	4H 15
Heather Row La. *Nat S*	2J 15
Heather Row La. *Up Nat & Nat S*	5G 15
Heather Way. *Kemp*	3G 19
Heathfield Rd. *B'stoke*	3K 19
Heathside Way. *H Wint*	1J 9
Heathview. *Hook*	6C 8
Hedgerows, The. *Lych*	1K 13
Hele Clo. *B'stoke*	7C 12
Hepplewhite Dri. *B'stoke*	3G 19
Hereford Clo. *Odi*	7C 16
Hereford Rd. *B'stoke*	4J 11
Heritage Pk. *B'stoke*	5H 19
Heritage Vw. *Hat W*	5H 19
Heron Pk. *Lych*	7H 5
Heron Way. *B'stoke*	2F 19

Hesters Vw. *Long S*	7D 24
Highdowns. *Hat W*	4J 19
High Dri. *B'stoke*	7J 11
Higher Mead. *Lych*	1H 13
Highfield Chase. *B'stoke*	4B 12
Highland Dri. *Okly*	7A 10
Highlands Rd. *B'stoke*	6G 11
Highmoors. *Chine*	5H 5
Highpath Way. *B'stoke*	1J 11
High St. *H Wint*	2K 9
High St. *Odi*	6D 16
Highwood Ridge. *B'stoke*	4H 19
Hillary Rd. *B'stoke*	2B 12
Hillcrest Ct. *B'stoke*	3H 11
Hillcrest Wlk. *B'stoke*	4H 11
Hill Rd. *Okly*	1A 18
Hill Side.	7G 17
Hillside Rd. *Odi*	1E 24
Hill Sq. *Lych*	7J 5
Hillstead Ct. *B'stoke*	5D 12
Hill Vw. Rd. *B'stoke*	6A 12
Hogarth Clo. *B'stoke*	5G 13
Holbein Clo. *B'stoke*	6F 13
Hollin's Wlk. *B'stoke*	4D 12
(off Festival Pl.)	
Holly Dri. *Old B*	3A 14
Hollyhock Clo. *B'stoke*	2G 19
Holmes Clo. *B'stoke*	4J 19
Holst Clo. *B'stoke*	3A 20
Holt La. *Hook*	2C 16
Holt Way. *Hook*	6C 8
Holy Barn Clo. *B'stoke*	1G 19
Holyrood Clo. *B'stoke*	6H 11
Homefield Way. *B'stoke*	7J 3
Homesteads Rd. *B'stoke*	1G 19
Honeysuckle Clo. *B'stoke*	2G 19
Hook.	7B 8
Hook Common.	2K 15
Hook La. *Okly & Up W*	2A 10
Hook Rd. *Grey & N War*	5K 15
Hook Rd. *Hook*	2A 16
Hook Rd. *N War*	4C 16
Hook Rd. *R'wick*	3K 7
Hoopersmead. *Clid*	3C 20
Hoopers Way. *Okly*	1B 18
Hopfield Rd. *H Wint*	3J 9
Hop Garden Rd. *Hook*	7K 7
Hopton Gth. *Lych*	7J 5
Hornbeam Pl. *Hook*	6B 8
Horwood Gdns. *B'stoke*	7B 12
Houndmills.	3A 12
Houndmills Rd. *B'stoke*	3A 12
Houndmills Roundabout. *B'stoke*	2B 12
Howard Rd. *B'stoke*	6E 12
Howard Vw. *B'stoke*	6K 11
Hubbard Rd. *B'stoke*	2B 12
Huish La. *Old B*	5K 13
Hulbert Way. *B'stoke*	7J 11
Hunters Clo. *Okly*	6B 10
Hunts Clo. *Hook*	7C 8
Hunts Comn. *H Wint*	1K 9
Hunts Clo. *H Wint*	1K 9
Hurne Ct. *B'stoke*	4F 13
(off Lytton Rd.)	
Hyacinth Clo. *B'stoke*	2G 19
Hyde Rd. *Long S*	7E 24

I

Inglewood Dri. *B'stoke*	4H 19
Inkpen Gdns. *Lych*	1J 13
Intec Bus. Cen. *B'stoke*	1G 13
Iris Clo. *B'stoke*	3G 19
Irwell Clo. *B'stoke*	4F 13
Itchen Clo. *Okly*	1B 18
Ivar Gdns. *Lych*	1J 13

J

Jackdaw Clo. *B'stoke*	2F 19
Jacob's All. *B'stoke*	5D 12
Jacob's Yd. *B'stoke*	5D 12
James Clo. *B'stoke*	2E 12
Jasmine Rd. *B'stoke*	2H 19
Jays Clo. *B'stoke*	1C 20
Jefferson Rd. *B'stoke*	2D 12
Jersey Clo. *B'stoke*	6E 4
John Eddie Ct. *B'stoke*	6J 11
John Morgan Clo. *Hook*	6A 8
Joices Yd. *B'stoke*	5D 12
Joule Rd. *B'stoke*	2B 12
Jubilee Rd. *B'stoke*	5D 12
Julius Clo. *B'stoke*	1J 11
June Dri. *B'stoke*	4H 11
Juniper Clo. *Chine*	4J 5

K

Kathleen Clo. *B'stoke*	7C 12
Keats Clo. *B'stoke*	7E 4
Kelvin Hill. *B'stoke*	6A 12
Kembers La. *Map*	5C 14
Kempshott.	2H 19
Kempshott Gdns. *B'stoke*	2G 19
Kempshott Gro. *B'stoke*	5G 11
Kempshott La. *B'stoke*	3G 19
Kempshott Pk. Ind. Est. *Kemp*	7F 19
Kempshott Roundabout. *Kemp*	3H 19
Kendal Gdns. *B'stoke*	7H 11
Kenilworth Rd. *B'stoke*	3H 11
Kennet Clo. *B'stoke*	4F 13
Kennet Way. *Okly*	1B 18
Kensington Ho. *B'stoke*	4D 12
(off Festival Pl.)	
Kerfield Way. *Hook*	7B 8
Kersley Cres. *Odi*	2C 24
Kestrel Rd. *B'stoke*	1F 19
Ketelbey Ri. *B'stoke*	3B 20
Keytech Cen. *B'stoke*	2K 11
Kiln Gdns. *H Wint*	2J 9
Kiln La. *Monk S*	3G 3
Kiln Rd. *Sher J*	5A 4
Kimball Rd. *B'stoke*	7B 12
Kimber Clo. *Chine*	6H 5
Kimberley Rd. *B'stoke*	6A 12
Kingfisher Clo. *B'stoke*	1F 19
Kingfisher Ct. *B'stoke*	3C 12
King Johns Rd. *N War*	5C 16
Kingsbridge Copse. *Newn*	1J 15
Kingsclere Rd. *B'stoke*	2B 12
Kingsclere Rd. *Ramsd & B'stoke*	4A 2
(in two parts)	
King's Furlong.	6C 12
Kings Furlong Cen. *B'stoke*	6C 12
King's Furlong Dri. *B'stoke*	6B 12
Kingsland Ind. Pk. *B'stoke*	7G 5
Kingsmill Rd. *B'stoke*	7C 12
Kings Orchard. *Okly*	2B 18
Kings Pightle. *Chine*	5H 5
King's Rd. *B'stoke*	6A 12
King St. *Odi*	6E 16
(in two parts)	
Kingsvale Ct. *B'stoke*	5B 12
Kintyre Clo. *Okly*	7A 10
Kipling Wlk. *B'stoke*	6A 12
Kite Hill Cotts. *B'stoke*	6G 19
Knights Pk. *B'stoke*	2B 12
Knights Pk. Rd. *B'stoke*	2B 12
Knight St. *B'stoke*	5B 12

L

Laburnum Way. *B'stoke*	3K 11
Laffans Rd. *Odi*	1D 24
Lake Vw. *H Wint*	1K 9
Lambs Row. *Lych*	2H 13
Lampards Clo. *R'wick*	2K 7

28 A-Z Basingstoke

Lancaster Rd.—Ochil Clo.

Lancaster Rd. *B'stoke*	3C 12
Landseer Clo. *B'stoke*	6F 13
Lansley Rd. *B'stoke*	1D 12
Lapin Clo. *B'stoke*	5H 19
Larchwood. *Chine*	4F 5
(Crockford La.)	
Larchwood. *Chine*	5H 5
(Hanmore Rd.)	
Lark Clo. *B'stoke*	2F 19
Larkfield. *Chine*	5H 5
Laurel Clo. *N War*	6C 16
Laurels, The. *B'stoke*	3E 12
Lavender Rd. *B'stoke*	3G 19
Lavington Cotts. *B'stoke*	1K 13
Lawrence Clo. *B'stoke*	7E 4
Lawrencedale Ct. *B'stoke*	5B 12
Lay Fld. *Hook*	7K 7
Lea Clo. *B'stoke*	4F 13
Leaden Vere. *Long S*	6D 24
Lees Hill. *S Warn*	6J 23
Lees Mdw. *Hook*	7C 8
Lefroy Av. *B'stoke*	2E 12
Lefroy Ho. *B'stoke*	2E 12
Lehar Clo. *B'stoke*	2K 19
Lennon Way. *B'stoke*	2J 19
Lennox Rd. *B'stoke*	7B 12
Len Smart Ct. *B'stoke*	2E 12
Lewis Clo. *B'stoke*	2E 12
Lightfoot Gro. *B'stoke*	7D 12
Lightsfield. *Okly*	7B 10
Lilac Way. *B'stoke*	3K 11
Lily Clo. *B'stoke*	2G 19
Limbrey Hill. *Upt G*	5G 23
Lime Gdns. *B'stoke*	4F 13
Limes, The. *B'stoke*	2F 19
Lime Tree Way. *Chine*	5G 5
Lincoln Clo. *B'stoke*	3H 19
Linden Av. *Old B*	4K 13
Linden Av. *Odi*	5F 17
Linden Ct. *Old B*	4K 13
Lingfield Clo. *Old B*	4A 14
Link Way. *Okly*	1B 18
Linnet Clo. *B'stoke*	7G 11
Lion Ct. *B'stoke*	3H 13
Lisa Ct. *B'stoke*	5C 12
Lister Rd. *B'stoke*	7B 12
Little Basing. *Old B*	2H 13
Lit. Binfields. *Chine*	7J 5
Lit. Copse Chase. *Chine*	6G 5
Lit. Dean La. *Upt G*	6H 23
Little Fallow. *Lych*	1H 13
Lit. Hoddington. *Upt G*	5G 23
Lit. Hoddington Clo.	
Upt G	5G 23
Litton Gdns. *Okly*	1B 18
Locksmead. *B'stoke*	4F 13
Loddon Bus. Cen. *B'stoke*	2G 19
Loddon Cen., The. *B'stoke*	1G 19
Loddon Ct. *B'stoke*	7D 12
Loddon Dri. *B'stoke*	4E 12
Loddon Ho. *B'stoke*	3E 12
Loddon Mall. *B'stoke*	4D 12
Loggon Rd. *B'stoke*	7C 12
Lomond Clo. *Okly*	7A 10
London Rd. *And & H Wint*	3D 14
London Rd. *Old B*	5G 13
London Rd. *B'stoke*	5E 12
London Rd. *H Wint*	1K 9
London Rd. *Hook & H Wint*	6C 8
London Rd. *Odi*	6E 16
(in two parts)	
London St. *B'stoke*	5D 12
Longacre Ri. *Chine*	6G 5
Long Copse Chase.	
Chine	6G 5
Longcroft Clo. *B'stoke*	5C 12
Long Cross La. *Hat W*	4G 19
Longfellow Pde. *B'stoke*	1E 12
Longfield. *Okly*	6B 10
Long La. *Chine*	6J 5
Long La. *Odi*	1E 24
Longmoor Rd. *B'stoke*	5C 12
Longroden La. *Tun*	4K 21
Longstock Clo. *Chine*	4K 5

Long Sutton.	7D 24
Lovegroves. *Chine*	5J 5
Love La. *Odi*	2D 24
(in two parts)	
Loveridge Clo. *B'stoke*	7C 12
Lwr. Brook St. *B'stoke*	4B 12
Lwr. Chestnut Dri.	
B'stoke	6B 12
Lowlands Rd. *B'stoke*	6G 11
Loyalty La. *Old B*	3K 13
Ludlow Clo. *B'stoke*	4J 11
Ludlow Gdns. *B'stoke*	4K 11
Lundy Clo. *B'stoke*	7F 5
Lune Clo. *B'stoke*	4F 13
Lupin Clo. *B'stoke*	2G 19
Lutyens Clo. *Lych*	7H 5
Lychpit.	**1H 13**
Lyde Clo. *Okly*	1B 18
Lyde Green.	**1H 7**
Lyford Rd. *B'stoke*	3D 12
Lymington Clo. *B'stoke*	2H 19
Lyn Ct. *B'stoke*	4F 13
Lyndhurst Dri. *B'stoke*	4J 19
Lynwood Gdns. *Hook*	7A 8
Lytton Rd. *B'stoke*	4E 12

M

Mabbs La. *H Wint*	4J 9
McCartney Wlk. *B'stoke*	3J 19
Madeira Clo. *B'stoke*	7F 5
Magnolia Clo. *B'stoke*	7C 4
Magnus Dri. *B'stoke*	3H 19
Magpie Clo. *B'stoke*	2F 19
Mahler Clo. *B'stoke*	2B 20
Majestic Rd. *B'stoke*	4G 19
Maldive Rd. *B'stoke*	7F 5
Malham Gdns. *B'stoke*	5H 19
Mallard Clo. *B'stoke*	3F 19
Malls Shop. Cen., The.	
B'stoke	4D 12
Malmesbury Fields.	
B'stoke	2K 19
Malshanger La. *Okly*	5A 10
Malta Clo. *B'stoke*	7D 4
Malvern Clo. *B'stoke*	6G 11
Manley James Clo. *Odi*	6E 16
Manor Clo. *B'stoke*	4G 19
Manor La. *Old B*	3K 13
Manor Rd. *Sher J*	5A 4
Mansfield Rd. *B'stoke*	7A 12
Maple Ct. *B'stoke*	5H 11
Maple Cres. *B'stoke*	2D 12
Mapledurwell.	**5C 14**
Maplehurst Chase.	
B'stoke	4H 19
Maplewood. *Chine*	5G 5
Margaret Rd. *B'stoke*	5K 11
Marigold Clo. *B'stoke*	2G 19
Market Chambers.	
B'stoke	5D 12
(off Church St.)	
Market Pl. *B'stoke*	5D 12
Mark La. *B'stoke*	5D 12
Marlborough Gdns.	
Okly	7B 10
Marlborough Trad. M.	
Chine	6F 5
Marlowe Clo. *B'stoke*	1E 12
Marl's La. *B'stoke*	3D 4
Marshall Gdns. *B'stoke*	2D 12
Marshcourt. *Lych*	1H 13
Martin Clo. *B'stoke*	2E 12
Martins Wood. *Chine*	5H 5
Mary Rose Ct. *B'stoke*	5B 12
Mathias Wlk. *B'stoke*	4K 19
Matilda Dri. *B'stoke*	3H 19
Matthews Way. *Okly*	1C 18
Mattingley.	**1C 8**
Mattock Way. *Chine*	5G 5
Maw Clo. *B'stoke*	2B 20
Maybrook. *Chine*	4H 5
May Clo. *Old B*	3A 14

Mayfair Ho. *B'stoke*	4D 12
(off Festival Pl.)	
Mayfield Ridge. *Hat W*	5J 19
Mayflower Clo. *Chine*	6G 5
Maynard's Wood. *Chine*	6G 5
May Pl. *B'stoke*	5D 12
May St. *B'stoke*	4B 12
Mead Hatchgate. *Hook*	6A 8
Meadowland. *Chine*	5G 5
Meadow La. *H Wint*	2J 9
Meadowridge. *Hat W*	5J 19
Meadow Rd. *B'stoke*	7C 12
Mead, The. *Old B*	3K 13
Medina Gdns. *Okly*	1B 18
Medway Av. *Okly*	7B 10
Medway Ct. *B'stoke*	4F 13
Melford Gdns. *B'stoke*	7G 11
Melrose Wlk. *B'stoke*	1B 12
Memorial Rd. *Hook*	1A 16
Mendip Clo. *B'stoke*	6G 11
Meon Rd. *Okly*	1B 18
Meon Wlk. *B'stoke*	4E 12
Mercer Clo. *B'stoke*	5J 11
Merlin Mead. *B'stoke*	4F 19
Merriatt Clo. *B'stoke*	7D 12
Merrileas Gdns. *B'stoke*	2G 19
Merrydown La. *Chine*	6J 5
Merryfield. *Chine*	5G 5
Merton Rd. *B'stoke*	3C 12
Middle Mead. *Hook*	7A 8
Middleton Gdns. *B'stoke*	2D 12
Midlane Clo. *B'stoke*	7C 12
Mildmay Ct. *Odi*	7E 16
Mildmay Ter. *H Wint*	2K 9
Milestones Mus.	**4A 12**
Milkingpen La. *Old B*	3K 13
Millard Clo. *B'stoke*	2B 12
Millennium Ct. *B'stoke*	4B 12
Mill La. *H Wesp*	1F 7
Mill La. *N War*	5B 16
Mill Rd. *B'stoke*	4J 11
Mill Vw. *Grey*	7K 15
Milton Clo. *B'stoke*	1E 12
Minden Clo. *Chine*	6G 5
Mitchell Av. *H Wint*	3J 9
Mitchell Gdns. *B'stoke*	3J 19
Monachus La. *H Wint*	1K 9
Monarch Clo. *B'stoke*	4G 19
Mongers Piece. *Chine*	4J 5
Moniton Est. *B'stoke*	5H 11
Monk Sherborne.	**4H 3**
Monk Sherborne Ho.	
Monk S	3H 3
Monk Sherborne Rd.	
Ramsd	1D 2
Monsanto Ho. *B'stoke*	7H 5
Montague Ho. *B'stoke*	6D 12
Montserrat Pl. *B'stoke*	6E 4
Montserrat Rd. *B'stoke*	6E 4
Moorfoot Gdns. *B'stoke*	6H 11
Moorhams Av. *B'stoke*	4G 19
Moorings, The. *B'stoke*	4J 5
Moor Vw. *Old B*	2K 13
Morgaston Rd. *Brmly*	2K 3
Morley Rd. *B'stoke*	1C 20
Morris Ri. *Chine*	6G 5
Morris St. *Hook*	1J 15
Morse Rd. *B'stoke*	5A 12
Mortimer Clo. *H Wint*	4H 9
Mortimer La. *B'stoke*	4C 12
Moscrop Ct. *B'stoke*	5C 12
Moulshay La. *Sher L*	3A 6
Mt. Pleasant. *H Wint*	2K 9
Mourne Clo. *B'stoke*	5H 11
Mozart Clo. *B'stoke*	2A 20
Mulberry Way. *Chine*	5H 5
Mull Clo. *Okly*	7A 10
Mullins Clo. *B'stoke*	1D 12
Munnings Clo. *B'stoke*	6F 13
Murrell Green.	**5E 8**
Murrell Grn. Bus. Pk.	
Hook	6E 8
Murrell Grn. Rd. *H Wint*	3E 8
Musgrave Clo. *B'stoke*	2K 19

Musket Copse. *Old B*	3J 13
Myland Clo. *B'stoke*	1E 12

N

Napoleon Dri. *B'stoke*	2J 11
Nash Clo. *B'stoke*	2D 12
Nash Meadows. *S Warn*	6A 24
Nately Rd. *Grey*	6H 15
Nately Scures.	**2G 15**
Neath Rd. *B'stoke*	4F 13
Nelson Lodge. *B'stoke*	2A 12
Neville Clo. *B'stoke*	7D 12
Neville Ct. *B'stoke*	2G 13
New Bri. La. *B'stoke*	4G 13
Newbury Rd. Junct.	
B'stoke	2K 11
Newfound.	**5C 10**
Newman Bassett Ho.	
B'stoke	3J 11
New Mkt. Sq. *B'stoke*	4D 12
Newnham.	**7H 7**
Newnham La.	
Old B & Newn	1K 13
Newnham Pk. *Hook*	1K 15
Newnham Rd. *Newn*	1H 15
New North Dri. *Sher L*	1C 6
New Rd. *B'stoke*	4D 12
New Rd. *Brmly*	1C 4
New Rd. *H Wint*	2J 9
New Rd. *Hook*	1A 16
New Rd. *N War*	5C 16
New St. *B'stoke*	5D 12
Nightingale Gdns.	
B'stoke	1J 11
Nightingale Gdns. *Hook*	7A 8
Norden Clo. *B'stoke*	3D 12
Norden Ho. *B'stoke*	3E 12
Normanton Rd. *B'stoke*	2D 12
Norn Hill. *B'stoke*	3E 12
Norn Hill Clo. *B'stoke*	3E 12
Northgate Way. *B'stoke*	4G 19
N. Waltham Rd. *Okly*	3A 18
North Warnborough.	**6C 16**
Norton Ho. *B'stoke*	6J 11
Norton Ride. *Lych*	2H 13
Norwich Clo. *B'stoke*	3H 19
Novello Clo. *B'stoke*	3K 19
Nursery Clo. *Chine*	5J 5
Nursery Clo. *Hook*	6A 8
Nursery Ter. *N War*	5C 16

O

Oak Clo. *Okly*	1B 18
Oak Clo. *B'stoke*	4F 13
Oakfields. *Lych*	1H 13
Oak Hanger Clo. *Hook*	7B 8
Oaklands. *H Wint*	3J 9
Oaklands Pk. *Hook C*	2J 15
Oaklands Way. *B'stoke*	3J 11
Oakland Ter. *H Wint*	2K 9
Oakley.	**1A 18**
Oakley La. *Okly*	1A 18
Oakley Pl. *H Wint*	2K 9
(off High St.)	
Oakridge.	**2E 12**
Oakridge Cen. *B'stoke*	2E 12
Oakridge Ho. *B'stoke*	2E 12
Oakridge Rd. *B'stoke*	2B 12
Oakridge Towers. *B'stoke*	2E 12
Oak Tree Dri. *Hook*	6B 8
Oakwood. *Chine*	5G 5
(Crockford La.)	
Oakwood. *Chine*	5H 5
(Hanmore Rd.)	
Oasts, The. *Long S*	6D 24
Oban Clo. *Okly*	7A 10
Oceana Cres. *Hat W*	6F 19
Ochil Clo. *B'stoke*	6H 11

Octavian Clo.—Searl's La.

Octavian Clo. *B'stoke* 3H 19
Odiham. 6E 16
Odiham Castle. 5B 16
ODIHAM COTTAGE HOSPITAL. 7E 16
Odiham Rd. *H Wint & Winch* 4H 9
Odiham Rd. *Odi & Winch* 3F 17
Old Basing. 2K 13
Old Basing Mall. *B'stoke* 4D 12
Old Beggarwood La. *Hat W* 5G 19
Oldberg Gdns. *B'stoke* 2B 20
Old Brick Kiln Trad. Est., The. *Ramsd* 1E 2
Old Canal Pl. B'stoke 4F 13 (off Locksmead)
Old Comn. Rd. *B'stoke* 5F 13
Old Down Clo. *B'stoke* 2G 19
Oldfield Vw. *H Wint* 3J 9
Old Kempshott La. *B'stoke* 7G 11
Old Orchard, The. *S Warn* 6K 23
Old Potbridge Rd. *Winch* 7G 9
Old Reading Rd. *B'stoke* 3E 12
Old Rectory, The. *S Warn* 7A 24
Old School Clo. *H Wint* 2K 9
Old School Rd. *Hook* 1J 15
Old Worting Rd. *B'stoke* 5J 11
Oliver's Wlk. *Lych* 2H 13
Onslow Clo. *B'stoke* 7G 5
Orchard Lea. *Sher L* 1B 6
Orchard Rd. *B'stoke* 5J 11
Orchard, The. *Hook* 6A 8
Orkney Clo. *B'stoke* 7F 5
Osborne Clo. *B'stoke* 2C 12
Osborn Ind. Est. *Hook* 1B 16
Osborn Way. *Hook* 1B 16
Osprey Rd. *B'stoke* 1F 19
Oyster Clo. *B'stoke* 3H 19

P

Packenham Rd. *B'stoke* 6B 12
Pack La. *Okly & B'stoke* 6B 10
Paddington Ho. B'stoke 4D 12 (off Festival Pl.)
Paddock Ct. *H Wint* 3J 9
Paddockfields. *Old B* 2K 13
Paddock Rd. *B'stoke* 6K 11
Paddock, The. *H Wint* 1K 9
Paddock Wlk. *B'stoke* 6K 11
Padwick Clo. *B'stoke* 5C 12
Pages Bungalows. *B'stoke* 4E 12
Painters Pightle. *Hook* 7K 7
Palace Ga. *Odi* 6D 16
Palace Ga. Farm. *Odi* 6D 16
Pantile Dri. *Hook* 7C 8
Parade, The. *B'stoke* 3E 12
Pardown. 3B 18
Pardown. *Okly* 3B 18
Park Av. *Old B* 4K 13
Park Clo. *Okly* 7A 10
Pk. Corner Rd. *H Wint* 1K 9
Park Gdns. *B'stoke* 6E 12
Park Hill. *Old B* 3J 13
PARKLANDS HOSPITAL. 7K 3
Park La. *Old B* 4K 13
Pk. Prewett Rd. *B'stoke* 1J 11
Parkside Rd. *B'stoke* 6E 12
Parkwood Clo. *Chine* 4H 5
Paterson Clo. *B'stoke* 3J 19
Paulet Pl. *Old B* 3K 13
Paxton Clo. *B'stoke* 3H 19
Paynes Mdw. *Lych* 1J 13
Peake Clo. *Lych* 2H 13
Peel Ct. *H Wint* 2J 9
Pelham Clo. *Old B* 4K 13
Pelton Rd. *B'stoke* 3B 12
Pembroke Rd. *B'stoke* 4H 11
Pemerton Rd. *B'stoke* 2E 12
Pendennis Clo. *B'stoke* 3H 11
Pennine Clo. *B'stoke* 6H 11
Pennine Way. *B'stoke* 6H 11
Penrith Rd. *B'stoke* 5C 12
Pensdell Farm Cotts. *B'stoke* 1D 20
Pentland Clo. *B'stoke* 6H 11
Pershore Rd. *B'stoke* 7D 4 (in two parts)
Petersfield. *Okly* 2B 18
Petersfield Clo. *Chine* 4J 5
Petrel Cft. *B'stoke* 2F 19
Petty's Brook Rd. *Chine* 4J 5
Petunia Clo. *B'stoke* 2G 19
Petworth Clo. *B'stoke* 4H 19
Peveral Wlk. *B'stoke* 6K 11
Peveral Way. *B'stoke* 6K 11
Pheasant Clo. *B'stoke* 2F 19
Pheby Rd. *B'stoke* 7K 11
Phoenix Ct. *H Wint* 4H 9
Phoenix Green. 4H 9
Phoenix Grn. *H Wint* 4H 9
Phoenix Pk. Ter. *B'stoke* 3D 12
Phoenix Ter. *H Wint* 4H 9
Pigeonhouse La. *Far W* 7A 20
Pimpernel Way. *Lych* 2H 13
Pinewood. *Chine* 5F 5
Pinkerton Rd. *B'stoke* 7J 11
Pinnell Clo. *B'stoke* 4G 19
Pintail Clo. *B'stoke* 3F 19
Pitcairn Clo. *B'stoke* 6E 4
Pither Rd. *Odi* 2C 24
Pitman Clo. *B'stoke* 7H 11
Pittard Rd. *B'stoke* 6B 12
Plantation, The. *Sher L* 1B 6
Plover Clo. *B'stoke* 1G 19
Poachers Fld. *S Warn* 7A 24
Poland La. *Odi* 3E 16
Polecat Corner. 1K 21
Pond Cotts. *Clid* 3C 20
Pool Rd. *H Wint* 1J 9
Poors Farm Rd. *B'stoke* 1C 14
Popley. 7D 4
Popley Way. *B'stoke* 1B 12
Poppy Fld. *Lych* 1J 13
Porchester Sq. B'stoke 4D 12 (off Festival Pl.)
Portacre Ri. *B'stoke* 6B 12
Porter Clo. *Odi* 2C 24
Porter Rd. *B'stoke* 1B 20
Portsmouth Cres. *B'stoke* 7K 11
Portsmouth Wlk. *B'stoke* 7K 11
Portsmouth Way. *B'stoke* 7K 11
Portway Pl. *B'stoke* 4H 11
Post Horn La. *R'wick* 3J 7
Potbridge. 1G 17
Pot La. *Old B* 2D 14
Potters Wlk. B'stoke 4D 12 (off Festival Pl.)
Poynings Cres. *B'stoke* 7E 12
Prescelly Clo. *B'stoke* 5H 11
Priest Down. *Hat W* 5H 19
Priestley Rd. *B'stoke* 1A 12
Primrose Dri. *H Wint* 1K 9
Primrose Gdns. *Hat W* 5H 19
Princes Cres. *B'stoke* 6A 12
Priors Row. *N War* 5C 16
Priory Gdns. *Old B* 2K 13
Priory La. *H Wint* 4H 9
Privett Clo. *Lych* 1J 13
Prospect Vs. *B'stoke* 7B 12
Puffin Clo. *B'stoke* 4F 19
Purcell Clo. *B'stoke* 1B 20
Puttenham Rd. *Chine* 5J 5
Pyotts Copse. *Old B* 7J 5
Pyotts Ct. *Old B* 7J 5
Pyott's Hill. 1J 13
Pyott's Hill. *Old B* 7J 5

Q

Quantock Clo. *B'stoke* 6H 11
Queen Anne's Wlk. B'stoke 4D 12 (off Festival Pl.)
Queen Mary Av. *B'stoke* 3D 12
Queensdale Ct. B'stoke 6C 12 (off Pittard Rd.)
Queen's Pde. *B'stoke* 4D 12
Queen's Rd. *B'stoke* 4B 12
Queens Rd. *N War* 6C 16
Quilter Rd. *B'stoke* 1J 19
Quince Tree Way. *Hook* 7B 8

R

Radford Gdns. *B'stoke* 7B 12
Raglan Ct. *B'stoke* 2J 19
Railway Cotts. *Old B* 3H 13
Railway Cotts. *B'stoke* 5F 11
Rainbow Clo. *Old B* 4A 14
Rainham Clo. *B'stoke* 3F 19
Ramsdell. 1D 2
Rankine Rd. *B'stoke* 2F 13
Raphael Clo. *B'stoke* 6F 13
Ravel Clo. *B'stoke* 1A 20
Raven Rd. *Hook* 7A 8
Ravenscroft. *Hook* 6B 8
Rawlings Rd. *Hook* 1B 16
Rayleigh Rd. *B'stoke* 4C 12
Reading Rd. *Chine* 1F 13 (in two parts)
Reading Rd. *R'wick* 4B 8
Reading Rd. *Sher L* 1B 6
Reading Rd. Roundabout. *B'stoke* 1F 13
Recreation Rd. *Odi* 7D 16
Rectory Rd. *Okly* 1A 18
Rectory Rd. *Hook* 1A 16
Redbridge La. *Old B* 4G 13
Red Lion La. *B'stoke* 5D 12
Redwing Rd. *B'stoke* 3F 19
Redwood. *Chine* 4G 5
Regent Ct. *B'stoke* 3E 12
Rembrandt Clo. *B'stoke* 6F 13
Remembrance Gdns. *Chine* 6G 5
Renoir Clo. *B'stoke* 6F 13
Renown Way. *Chine* 4H 5
Restormel Clo. *B'stoke* 3H 11
Reynolds Clo. *B'stoke* 5G 13
Reynolds Ho. B'stoke 7J 11 (off Pinkerton Rd.)
Reyntiens Vw. *Odi* 7E 16
Ribble Way. *B'stoke* 4F 13
Richmond Rd. *B'stoke* 3C 12
Rickett La. *Roth* 1H 7
Ridge Clo. *Hat W* 5J 19
Ridge La. *Newn & R'wick* 7H 7
Ridleys Piece. *S Warn* 6A 24
Riley La. *Old B* 2K 13
Ringway Cen., The. *B'stoke* 2A 12
Ringway E. *B'stoke* 2F 13
Ringway Ho. *B'stoke* 2F 13
Ringway N. *B'stoke* 2J 11
Ringway S. *B'stoke* 7C 12
Ringway W. *B'stoke* 2A 12
Riverside Clo. *Old B* 1K 13
Robert Mays Rd. *Odi* 7C 16
Robin Clo. *B'stoke* 2G 19
Rochester Clo. *B'stoke* 2H 19
Rochford Rd. *B'stoke* 4C 12
Roding Clo. *B'stoke* 4F 13
Roentgen Rd. *B'stoke* 2G 13
Roke La. *Odi* 7G 17
Roman Ho. *Wort* 4H 11
Roman Rd. *B'stoke* 5G 11
Roman Way. *Wort* 5G 11
Romsey Clo. *B'stoke* 7C 4
Rooksdown Av. *B'stoke* 1J 11
Rooksdown La. *B'stoke* 1H 11 (in two parts)
Rookswood Clo. *Hook* 7B 8
Rosebay Gdns. *Hook* 6C 8
Roseberry Clo. *B'stoke* 5H 19
Rose Clo. *B'stoke* 2H 19
Rose Est., The. *Hook* 1B 16
Rosefield Ct. H Wint 1K 9 (off Monachus La.)
Rosehip Way. *Lych* 2H 13
Rose Hodson Pl. *B'stoke* 2J 11
Rosewood. *Chine* 5G 5
Ross Clo. *B'stoke* 7C 12
Rossini Clo. *B'stoke* 2A 20
Rothay Ct. *B'stoke* 4F 13
Rotherwick. 3J 7
Rotherwick La. *H Wesp* 1F 7
Roundmead Rd. *B'stoke* 5C 12
Roundtown. *Tun* 2K 21
Row, The. H Wint 2K 9 (off High St.)
Royal Clo. *B'stoke* 5G 19
Rubens Clo. *B'stoke* 7F 13
Rushes, The. *B'stoke* 4F 13
Ruskin Clo. *B'stoke* 6G 13
Russell Rd. *B'stoke* 6D 12
Rutherford Cen., The. *B'stoke* 1F 13
Rutherford Rd. *B'stoke* 1F 13
Rydal Clo. *B'stoke* 7G 11
Rye Common. 7K 17

S

Saffron Clo. *Chine* 4J 5
Sainfoin La. *Okly* 2B 18 (in three parts)
St Andrew's Rd. *B'stoke* 6K 11 (in two parts)
St Christophers Clo. *B'stoke* 6J 11
St Davids Clo. *Odi* 7C 16
St David's Rd. *B'stoke* 6A 12
St Gabriels Lea. *Chine* 5J 5
St John's Clo. *Hook* 7B 8
St John's Cotts. *Hook* 1J 15
St John's Piece. *Okly* 2B 18
St John's Rd. *Okly* 7B 10
St Johns Rd. *H Wint* 3K 9
St Johns Wlk. B'stoke 4D 12 (off Festival Pl.)
St Joseph's Cres. *Chine* 6H 5
St Leonards Av. *Chine* 5J 5
St Lukes Clo. *B'stoke* 6J 11
St Mary's Clo. *Old B* 3K 13
St Mary's Ct. *B'stoke* 4E 12
St Mary's Rd. *H Wint* 3J 9
ST MICHAEL'S HOSPICE. 7A 4
St Michael's Rd. *B'stoke* 6J 11
St Nicholas Ct. *B'stoke* 5K 11
St Patrick's Rd. *B'stoke* 6A 12
St Paul's Rd. *B'stoke* 6A 12
St Peter's Rd. *B'stoke* 5J 11
St Stephen's Clo. *Up Nat* 4F 15
St Thomas Clo. *B'stoke* 2C 12
Salisbury Clo. *Odi* 7C 16
Salisbury Gdns. *B'stoke* 5J 11
Salmons Rd. *Odi* 7C 16
Salters Heath Rd. *Monk S* 2H 3
Sandbanks Dri. *B'stoke* 3H 19
Sandpiper Way. *B'stoke* 3F 19
Sandringham Ct. *B'stoke* 6K 11
Sandy La. *H Wint* 3K 9
Sandys Clo. *B'stoke* 6A 12
Sandys Rd. *B'stoke* 5A 12
Sandys Rd. Roundabout. *B'stoke* 5A 12
Sarum Hill. *B'stoke* 5C 12
Saxon Way. *Lych* 2H 13
Scarlatti Rd. *B'stoke* 2B 20
Schroeder Clo. *B'stoke* 7C 12
Schubert Rd. *B'stoke* 2A 20
Scotney Rd. *B'stoke* 2D 12
Scots Ct. *Hook* 6C 8
Scott Ho. *B'stoke* 3E 12
Scures Rd. *Hook* 7K 7
Seagull Clo. *B'stoke* 2F 19
Seal Rd. *B'stoke* 4D 12
Searl's La. *R'wick* 4B 8 (in two parts)

30 A-Z Basingstoke

Selborne Clo.—Western Cross

Selborne Clo. *Hook*	7B 8
Selby Wlk. *B'stoke*	7D 4
Seton Dri. *Hook*	1K 15
Severals, The. *Sher J*	5K 3
Severn Gdns. *Okly*	1B 18
Severn Way. *B'stoke*	4F 13
Seymour Ct. *Odi*	6E 16
(off Seymour Pl.)	
Seymour Pl. *Odi*	6E 16
Seymour Rd. *Odi*	7J 11
Shakespeare Rd. *B'stoke*	1E 12
Shapley Heath. *Winch*	6H 9
Shaw Pightle. *Hook*	7K 7
Sheepwash La. *Ramsd*	2D 2
Sheldon's La. *Hook*	7K 7
Sheldons Rd. *Hook*	7A 8
Shelley Clo. *B'stoke*	1E 12
Sheppard Rd. *B'stoke*	7C 12
Sheraton Av. *Chine*	3H 19
Sherborne Rd. *B'stoke*	2C 12
Sherborne Rd. *Sher J*	5A 4
Sherborne St John.	**4A 4**
Sherfield on Loddon.	**1B 6**
Sherrington Way. *B'stoke*	7B 12
Sherwood Clo. *B'stoke*	4J 19
Shetland Clo. *B'stoke*	7E 4
Shipton Way. *B'stoke*	7J 11
Shooters Way. *B'stoke*	2E 12
Shortwoodcopse La. *Hat W*	5F 19
Shot Hanger. *B'stoke*	7G 3
Sibelius Clo. *B'stoke*	3A 20
Sidlaw Clo. *B'stoke*	6G 11
Silvester Clo. *B'stoke*	2E 12
Simmons Wlk. *B'stoke*	5E 12
Simons Clo. *Chine*	6H 5
Simons Rd. *Chine*	6G 5
Skippetts La. *B'stoke*	7E 12
Skippetts La. W. *B'stoke*	7D 12
Smallfield Dri. *Hook*	7C 8
Snowdrop Clo. *B'stoke*	2G 19
Solby's Rd. *B'stoke*	4C 12
Solent Dri. *B'stoke*	3H 19
Sonning Clo. *B'stoke*	3F 19
Soper Gro. *B'stoke*	3D 12
Sopers Row. *Old B*	3J 13
Sorrell's Clo. *Chine*	5H 5
South Dri. *Sher L*	2B 6
Southend Rd. *B'stoke*	4C 12
Southern Haye. *H Wint*	3J 9
Southern Rd. *B'stoke*	5D 12
South Ham.	**6K 11**
S. Ham Ho. *B'stoke*	6J 11
S. Ham Rd. *B'stoke*	5A 12
South Hill. *Upt G*	5G 23
Southlands. *Chine*	5G 5
Southlea. *Clid*	2C 20
South Ridge. *Odi*	7E 16
South View.	**3D 12**
South Vw. Cotts. *Hook*	7A 8
South Warnborough.	**6A 24**
Speckled Wood Rd. *B'stoke*	7D 2
Sperrin Clo. *B'stoke*	6H 11
Spindlewood. *Chine*	4G 5
Spinney, The. *B'stoke*	2A 12
Spinney, The. *Hook*	6A 8
Sprat's Hatch La. *Dog*	3K 17
Spring Clo. *Sher J*	4A 4
Springfield. *B'stoke*	7C 10
Springfield Av. *H Wint*	1J 9
Springfields. *Old B*	2K 13
Springpark Ho. *B'stoke*	3E 12
Squarefield Gdns. *Hook*	6C 8
Square, The. *B'stoke*	3E 12
Stable Clo. *Hook*	7K 7
Stag Hill. *B'stoke*	7K 11
Stag Oak La. *Chine*	4G 5
Stanford Rd. *B'stoke*	2J 19
Starling Clo. *B'stoke*	2F 19
Station App. *B'stoke*	3D 12
Station Downside. *Winch*	7K 9
Station Hill. *B'stoke*	3D 12
Station Hill. *Winch*	6J 9
Station Mall. *B'stoke*	4D 12
Station Rd. *Clid*	3C 20
Station Rd. *Hook*	7A 8
Station Rd. *Winch*	7K 9
Stephenson Rd. *B'stoke*	3A 12
Stewart Rd. *B'stoke*	7G 5
Stockbridge Clo. *Chine*	4K 5
Stocker Clo. *B'stoke*	7C 12
Stokes La. *H Wint*	1F 9
Stokes La. *Baug*	5H 3
Stour Rd. *Okly*	1B 18
Stratfield Rd. *B'stoke*	2C 12
Stratton Rd. *B'stoke*	7B 12
Strauss Rd. *B'stoke*	2J 19
Stravinsky Rd. *B'stoke*	2B 20
Street End.	**2K 7**
Street, The. *Grey*	7K 15
Street, The. *Long S*	7D 24
Street, The. *Old B*	3J 13
Street, The. *N War*	6B 16
Street, The. *R'wick*	3J 7
Stroud Clo. *Chine*	6G 5
Stroud Grn. La. *R'wick*	4G 7
Stroudley Rd. *B'stoke*	1G 13
Stubbs Rd. *B'stoke*	7E 12
Stukeley Rd. *B'stoke*	5B 12
Sullivan Rd. *B'stoke*	2A 20
Summerfields. *Chine*	4J 5
Sunflower Clo. *B'stoke*	3G 19
Sunny Mead. *Okly*	2B 18
Sutton Rd. *B'stoke*	2D 12
Swallow Clo. *B'stoke*	2F 19
Swan Ct. *H Wint*	2K 9
Swan M. *N War*	5C 16
Swing Swang La. *B'stoke*	2G 13
(in two parts)	
Sycamore Way. *B'stoke*	2K 11
Sylvaner Ct. *B'stoke*	3D 12
Sylvia Clo. *B'stoke*	6C 12

T

Tallis Gdns. *B'stoke*	1A 20
Talmey Clo. *B'stoke*	5G 5
Tamar Dri. *Okly*	7B 10
Tamarisk Clo. *Hat W*	5J 19
Tangway. *Chine*	4H 5
Tanners Way. *Okly*	7B 10
Taplins' Farm La. *Winch*	4K 9
(in two parts)	
Tarrant Gdns. *H Wint*	4J 9
Tasmania Clo. *B'stoke*	6E 4
Taverner Clo. *B'stoke*	2F 13
Taylors La. *Sher L*	3K 5
Teal Cres. *B'stoke*	3F 19
Telford Ho. *B'stoke*	2A 12
Telford Rd. *B'stoke*	2A 12
Temple Towers. *B'stoke*	3C 12
Tempus Bus. Cen. *B'stoke*	2B 12
Tennyson Way. *B'stoke*	6A 12
Tern Clo. *B'stoke*	3F 19
Test Way. *B'stoke*	4F 13
Tewkesbury Clo. *B'stoke*	7D 4
Thackham's La. *H Wint*	3F 9
Thames Ct. *B'stoke*	4F 13
Thorneycroft Ind. Est. *B'stoke*	4B 12
Thornhill Roundabout. *Chine*	6J 5
Thornhill Way. *Chine*	4H 5
Thornycroft Roundabout. *B'stoke*	4A 12
Three Castles Path. *B'stoke*	4A 12
Three Castles Path. *Grey*	2H 23
Three Castles Path. *Upt G*	4D 22
Three Castles Path. *W'slde*	7B 20
(in three parts)	
Three Castles Path. *Dog*	1K 17
(in three parts)	
Three Castles Path. *H Wint & Winch*	3K 9
(Church La., in two parts)	
Three Castles Path. *H Wint*	1K 9
(Haywarden Pl.)	
Three Castles Path. *N War*	5B 16
Three Castles Path. *Tun*	5H 21
(in two parts)	
Thrush Clo. *B'stoke*	1F 19
Thumwood. *Chine*	5H 5
Thurston Pl. *B'stoke*	1B 20
Thyme Clo. *Chine*	3H 5
Tiberius Clo. *B'stoke*	2J 11
Tigwells Fld. *S Warn*	6A 24
Timberlake Rd. *B'stoke*	4E 12
(Churchill Way E.)	
Timberlake Rd. *B'stoke*	4C 12
(Churchill Way W.)	
Timor Clo. *B'stoke*	7E 4
Tinley Gdns. *Odi*	6E 16
Tintagel Clo. *B'stoke*	3J 11
Tintern Clo. *B'stoke*	1B 12
Tippett Gdns. *B'stoke*	3B 20
Tithe Mdw. *Hat W*	5J 19
Tiverton Rd. *B'stoke*	4H 11
Tobago Clo. *B'stoke*	7D 4
Tollgate Clo. *Okly*	6B 10
Tollway. *Chine*	4J 5
Topiary, The. *Lych*	1J 13
Totters La. *H Wint*	5F 9
Tourist Info. Cen.	**5D 12**
Town Cen. E. Junct. *B'stoke*	4G 13
Townsend Clo. *B'stoke*	5B 12
Trefoil Clo. *H Wint*	1J 9
Trellis Dri. *Lych*	1J 13
Trenchmead Gdns. *B'stoke*	1K 11
Trent Way. *B'stoke*	4F 13
Trinidad Clo. *B'stoke*	7D 4
Trust Clo. *Hook*	7K 7
Tubb's La. *Ch All*	1G 3
(in two parts)	
Tulip Clo. *B'stoke*	3G 19
Tunnel La. *N War*	5B 16
Tunworth.	**4B 22**
Tunworth Rd. *Map*	5C 14
Turnberry Dri. *Hat W*	5G 19
Turner Clo. *B'stoke*	5G 13
Turnpike Way. *Okly*	7A 10
Tweedsmuir Clo. *B'stoke*	6B 12
Tyfield. *Sher J*	5A 4
Tylney La. *Newn*	7H 7
Tylney Pk. Golf Course.	**4H 7**

U

Upfallow. *Lych*	2J 13
Up Nately.	**4G 15**
Up. Chestnut Dri. *B'stoke*	6B 12
Up. Farm Rd. *Okly*	2B 18
Up. Sherborne Rd. *B'stoke*	2C 12
Upper Wootton.	**6C 2**
Upron Fld. Clo. *B'stoke*	3H 19
Upton Cres. *B'stoke*	2C 12
Upton Grey.	**5F 23**
Upton Grey Rd. *Upt G & Grey*	4F 23

V

Vale, The. *Okly*	1B 18
Valmeade Clo. *Hook*	7B 8
Vanburgh Gdns. *B'stoke*	3H 19
Van Dyck Clo. *B'stoke*	5G 13
Venture Roundabout. *B'stoke*	6E 12
Verandah Cotts. *H Wint*	2K 9
(off High St.)	
Verdi Clo. *B'stoke*	2K 19
Veronica Clo. *B'stoke*	3G 19
Vespasian Gdns. *B'stoke*	1J 11
Vetch Fld. *Hook*	7C 8
Viables Craft Cen.	**1C 20**
Viables Ind. Est. *B'stoke*	1C 20
Viables La. *B'stoke*	1D 20
Viables Roundabout. *B'stoke*	1B 20
Vicarage Hill. *H Wint*	3K 9
Vickers Bus. Cen. *B'stoke*	1A 12
Victoria Pl. *B'stoke*	5H 11
Victoria St. *B'stoke*	5D 12
Victory Roundabout. *B'stoke*	4C 12
Violet Clo. *B'stoke*	3G 19
Vitellius Gdns. *B'stoke*	1J 11
Vivaldi Clo. *B'stoke*	3A 20
Vivian Rd. *B'stoke*	2E 12
Vyne Mdw. *Sher J*	4B 4
Vyne Rd. *B'stoke*	3D 12
Vyne Rd. *Sher J & Brmly*	4B 4
Vyne, The.	**2D 4**

W

Wade Rd. *B'stoke*	2G 13
Wagner Clo. *B'stoke*	2A 20
Wagon La. *Hook*	6B 8
Walk, The. *Sher L*	1C 6
Walled Gdns., The. *S Warn*	7A 24
Wallin's Copse. *Chine*	6H 5
Wallis Ct. *B'stoke*	3K 11
Wallis Rd. *B'stoke*	6D 12
Wallop Dri. *B'stoke*	4G 19
Walls Cvn. Pk. *Hook*	6C 8
Walpole Gdns. *H Wint*	1K 9
Warbleton Rd. *Chine*	5J 5
Warren Clo. *H Wint*	3K 9
Warren Way. *B'stoke*	6J 11
Warton Rd. *B'stoke*	3E 12
Warwick Rd. *B'stoke*	3J 11
Wash Brook. *Hook*	6A 8
Water End.	**2E 14**
Water End La. *And*	2D 14
Water End Pk. (Cvn. Site) *And*	2E 14
Wateridge Rd. *B'stoke*	1E 12
Waterlily Clo. *B'stoke*	4F 13
Waterloo Av. *B'stoke*	2J 11
Water Ridges. *Okly*	2B 18
Water Way. *B'stoke*	4F 13
Waterworks Cotts. *B'stoke*	4B 12
Watling End. *B'stoke*	3H 19
Watson Way. *B'stoke*	2K 11
Wavell Ct. *B'stoke*	7A 12
Waverley Av. *B'stoke*	7C 12
Waverley Clo. *Odi*	6F 17
Wayfarer's Wlk. *Dum*	7E 18
Wayfarer's Wlk. *Okly*	4A 18
(in two parts)	
Wayside Rd. *B'stoke*	4H 11
Weale Ct. *B'stoke*	3D 12
Weatherby Gdns. *H Wint*	2K 9
Weavers Piece. *R'wick*	3J 7
Webb Clo. *Chine*	6H 5
Wedman's La. *R'wick*	2K 7
Wedman's Pl. *R'wick*	2K 7
Weir Rd. *H Wint*	4H 9
Wella Path. *B'stoke*	7B 12
Wella Rd. *B'stoke*	7B 12
Well Clo. *Woot L*	2E 10
Wellington Ter. *B'stoke*	2J 11
Wellspring Ho. *B'stoke*	7J 11
(off Pinkerton Rd.)	
Wentworth Cres. *Hat W*	5G 19
Wesley Wlk. *B'stoke*	4D 12
(off Festival Pl.)	
Wessex Av. *Odi*	1D 24
Wessex Clo. *Odi*	6C 12
Wessex Cres. *Odi*	1D 24
Wessex Dri. *Odi*	1D 24
W. Brook Clo. *Okly*	2B 18
Westbrook Ct. *B'stoke*	5G 11
Westdeane Ct. *B'stoke*	5B 12
West End. *Sher L*	4K 3
Western Cross. *Odi*	7D 16

A-Z Basingstoke 31

Western La.—Zinnia Clo.

Western La. *Odi*	6D 16
Western Way. *B'stoke*	7K 11
Westfield Rd. *B'stoke*	6E 12
Westgate Clo. *B'stoke*	3H 11
West Green.	**3F 9**
West Green House.	**3F 9**
West Grn. Rd. *H Wint*	1F 9
West Ham.	**4K 11**
W. Ham Clo. *B'stoke*	5J 11
West Ham Est. *B'stoke*	5A 12
W. Ham La. *B'stoke*	4K 11
(Grafton Way)	
W. Ham La. *B'stoke*	5H 11
(Worting Rd.)	
W. Ham Leisure Pk. *B'stoke*	4K 11
W. Ham Roundabout. *B'stoke*	5K 11
Westlands Ho. *B'stoke*	5C 12
West La. *N War*	4B 16
Westminster Clo. *B'stoke*	3H 19
Westminster Ho. *B'stoke*	4D 12
(off Festival Pl.)	
Weston Clo. *Upt G*	5F 23
Weston Corbett.	**7D 22**
Weston Patrick.	**7E 22**
Weston Rd. *Upt G*	6E 22
Westray Clo. *B'stoke*	2F 13
Westside Clo. *B'stoke*	6K 11
West St. *Odi*	7C 16
Weybrook Ct. *Sher J*	4K 3
Weybrook Pk. Golf Course.	**7J 3**
Weysprings Clo. *B'stoke*	4F 13
Wharf, The. *Odi*	5F 17
Wheelers Hill. *Hook*	7C 8
Whinchat Clo. *H Wint*	1J 9
Whistler Clo. *B'stoke*	6F 13
White Hart La. *B'stoke*	5E 12
White Hart La. *Ch All*	1E 2
Whitehead Clo. *Lych*	2H 13
White Ho. Clo. *B'stoke*	7K 11
White La. *Upt G*	1F 23
(Three Castles Path)	
White La. *Upt G*	7C 22
(Weston Rd.)	
Whites Clo. *Hook*	7K 7
Whitestones. *B'stoke*	4J 19
Whitewater Ri. *Hook*	6C 8
Whitewater Rd. *N War*	5C 16
Whitewood. *Chine*	5H 5
Whitmarsh La. *Chine*	5K 5
Whitney Rd. *B'stoke*	2G 13
Wicklow Clo. *B'stoke*	6H 11
Widmore Rd. *B'stoke*	7J 11
Wights Wlk. *B'stoke*	3H 19
Wild Herons. *Hook*	7C 8
Wildmoor.	**3D 6**
Wildmoor La. *Sher L*	2A 6
(in two parts)	
Willis Mus., The.	**5D 12**
Willoughby Way. *B'stoke*	3K 11
Willows, The. *N War*	5C 16
Willow Way. *B'stoke*	2K 11
Wilmott Way. *B'stoke*	3K 11
Wilton Pl. *B'stoke*	5B 12
Winchcombe Rd. *B'stoke*	5C 12
Winchester Rd. *Dum & B'stoke*	6E 18
Winchester Rd. *B'stoke*	2H 19
Winchester Rd. Roundabout. *B'stoke*	6B 12
Winchester St. *B'stoke*	5D 12
Winchfield.	**6J 9**
Windermere Av. *B'stoke*	7G 11
Windover St. *B'stoke*	5D 12
(off New St.)	
Windrush Clo. *B'stoke*	4F 13
(off Severn Way)	
Windsor Gdns. *B'stoke*	4G 19
Wingate La. *Long S*	7D 24
Winklebury.	**4J 11**
Winklebury Cen. *B'stoke*	3J 11
Winklebury Way. *B'stoke*	4H 11
Winslade.	**5G 21**
Winslade La. *W'slde*	7F 21
(in two parts)	
Winterbourne Ho. *B'stoke*	7J 11
(off Pinkerton Rd.)	
Winterthur Way. *B'stoke*	4C 12
Winton Sq. *B'stoke*	5D 12
Wither Ri. *Okly*	7A 10
Woburn Gdns. *B'stoke*	6J 11
Wolds, The. *B'stoke*	6H 11
Woodbury Rd. *Hat W*	3H 19
Wood Clo. *B'stoke*	5H 19
Woodgarston Dri. *B'stoke*	4G 19
Woodgarston La. *Up Wn*	1C 10
Wood Hill La. *Long S*	6D 24
Woodland Ct. *Hat W*	5F 19
Woodlands. *Chine*	4J 5
Woodlands Bus. Village. *B'stoke*	3F 13
Wood La. *Up Nat*	4G 15
Woodmanfield. *Upt G*	4G 23
Woodmere Cft. *B'stoke*	3F 19
Woodpecker Clo. *B'stoke*	2F 19
Woodroffe Dri. *B'stoke*	1J 19
Woodside Gdns. *Chine*	4J 5
Woods La. *Clid*	3A 20
Woods La. *Grey*	5K 15
Woodstock Mead. *B'stoke*	4H 19
Woodville Clo. *Chine*	5H 5
Woodville La. *Chine*	6H 5
Woodville Ri. *Chine*	6H 5
Wood Wlk. *Ramsd*	3A 2
Wooldridge Cres. *Odi*	2C 24
Woolford Way. *B'stoke*	3K 11
Wootton Clo. *Woot L*	2F 11
Wootton La. *Up Wn & Woot L*	7C 2
Wootton St Lawrence.	**2E 10**
Worcester Av. *B'stoke*	3H 19
Wordsworth Clo. *B'stoke*	1E 12
Worsam Ct. *B'stoke*	5H 11
Worting.	**5G 11**
Worting Rd. *Okly & B'stoke*	6C 10
Worting Rd. *B'stoke*	5K 11
Worting Rd. Roundabout. *B'stoke*	5J 11
Wote St. *B'stoke*	5D 12
Wrekin Clo. *B'stoke*	6H 11
Wykeham Ct. *Odi*	2D 24
Wykeham Dri. *B'stoke*	5G 11
(in two parts)	

Y

Yellowhammer Rd. *B'stoke*	3F 19
Yew Tree Clo. *Okly*	2B 18
York Clo. *B'stoke*	2H 19
York Ho. *B'stoke*	6A 12
York La. *H Wint*	3J 9

Z

Zinnia Clo. *B'stoke*	4G 19

Every possible care has been taken to ensure that, to the best of our knowledge, the information contained in this atlas is accurate at the date of publication. However, we cannot warrant that our work is entirely error free and whilst we would be grateful to learn of any inaccuracies, we do not accept any responsibility for loss or damage resulting from reliance on information contained within this publication.

The representation on the maps of a road, track or footpath is no evidence of the existence of a right of way.

The Grid on this map is the National Grid taken from Ordnance Survey mapping with the permission of the Controller of Her Majesty's Stationery Office.

Copyright of Geographers' A-Z Map Co. Ltd.

No reproduction by any method whatsoever of any part of this publication is permitted without the prior consent of the copyright owners.